これだけは知っておきたい
マーケティングの基本常識 60

技術者の
マーケティング
強化書

水越康介
髙橋 誠[著]

日科技連

はじめに

　技術者の方に「マーケティングの本を読んだことがありますか」と聞きます。すると、ほとんどの方が「あまり読んでないですね」と言います。では「技術者にマーケティング知識は必要ないですか」と聞くと、ほぼ全員が「いや絶対に必要です」と言います。

　日本の産業の現状を見ると、技術立国日本の看板はもはや下ろさなければならないほど、長く低迷しています。半導体も、家電も、造船も、重機も、そして ICT も、欧米にも中国にも負け続けています。日本の代表産業の自動車でも、次世代の主流といわれる電気自動車で先陣を切っていたのに、今や米国や中国の後塵を拝しています。一体、光り輝く日本の技術はどうなったのでしょう。これまで日本の技術者はいったい何をしてきたのでしょうか。

　現代は、プロダクトアウト(技術中心)の時代ではなく、マーケットイン(市場中心)の時代であることは間違いありません。どんなに素晴らしい製品を生み出しても、それが売れない限り意味はありません。マーケットインを実践するには、マーケティングの知識や技術で武装するしかありません。私は「日本の技術者こそ、マーケティングを学ぶべき」と強く思います。

　そこで私は、技術者向けのマーケティングの本を探しました。すると、3 冊しか見つかりませんでした。そのうち 1 冊は 30 年以上も前の出版です。他は専門書で難解すぎて、マーケティングを気軽に学べるものではありませんでした。

　多くの技術者にとって、マーケティングが取っ付きにくい代物であるのも事実です。そこでマーケティングをほとんど知らない人でも、手軽

に読めてわかる本を出したいと思いました。そのためには、どんな本にすべきかを考えました。そこで編集方針を次のように決めました。

① 技術者に、マーケティングで最低限知っておくべき、基本の「知識・技法・用語」を厳選して、わかりやすく解説する。

② 技術者に理解しやすい表現を心がけ、専門用語や横文字を極力減らす。

③ 実例は、できるだけ技術者に理解できる例を取り上げる。

④ マーケティング技法は、専門的すぎず技術者が個人でも活用できるものにする。

⑤ これからのマーケティングに必須の、デジタル・マーケティング関連の内容も取り上げる。

このような編集方針により、マーケティングを学びたいが、今までは敬遠しがちだった技術者の方々に、気軽に読んでいただく本作りを目指しました。

さて、このような本をどう作成したらよいか考えました。私自身はマーケティングの専門家ではありません。専門は創造性開発で、発想法などを企業や大学で教えてきました。一方、創造性の会社を創始し、東京初のネーミング開発の部門を作り、ゆうパック、かもめーる、TOSTEM、BIG EGG などを開発してきました。また、日本一の広告会社の社員を長年教えてきましたので、マーケティングのことをまったく知らないわけではありませんが、専門ではないのです。

そこで仲間を探すことにし、当時、日経広告研究所専務理事の渡部数俊さんから、東京都立大学の水越康介教授を紹介されました。水越先生は、日本経済新聞出版社から『Q&A マーケティングの基本 50』と、日経文庫の『ソーシャルメディア・マーケティング』という本を出版されています。私も同出版社から『問題解決手法の知識』などを何冊か出しており、強い縁を感じました。マーケティングが専門で、デジタル・マ

ーケティングもわかる最適のパートナーが見つかったのです。

　私は早速、すでに私の本を何冊か出していただいている日科技連出版社の戸羽社長に出版を打診しました。同社は技術者向けの専門書の出版社ですが、マーケティングの本はほとんど出していません。しかし、社長は即座にオーケーを出してくれました。こうなれば一瀉千里、突っ走るしかありません。

　水越先生との二人三脚が始まりました。もちろん主役は水越先生で、本書の原稿は大多数が水越先生の執筆です。そこで私は本書を、「髙橋誠企画、水越康介著で」と考えたのですが、水越先生が「いや共著で」と、主張なさり、結果として共著となりました。

　本書は水越先生をはじめ、日科技連出版社の戸羽節文社長、編集担当の田中延志さんのおかげで完成しました。何人か若手技術者の方からは、内容のアドバイスをいただきました。そして、公益社団法人日本マーケティング協会の渡辺養一さんのお力添えで同協会の推薦をいただけました。また妻の髙橋るりには、校正を頼みました。まずはすべての皆様に感謝します。

　本書が、日本の技術者の方々のマーケティングに関する理解と、ものを売る力の向上に、少しでも役立てば幸いです。

　2021 年 2 月

髙橋　誠

技術者のマーケティング強化書
目　　次

Part V 消費者とのコミュニケーションの深め方

Part VI 強いブランドを創るビジネスモデルとは何か

Part I

マーケティングとは
何か

① 「マーケティング」とは 「顧客ニーズ」に 応える活動のことである

顧客が欲しかったのはドリルがあける穴であり、ドリルではない

　マーケティングを語るとき、最初に必ずといっていいほど引用される逸話があります。「1/4 インチのドリル」です。あまりに有名な話なので、ご存じの方も多いと思います。

　あるとき、アメリカで1/4 インチの穴をあけるドリルがヒット商品になりました。どうしてこのドリルがヒットしたのでしょうか。さまざまな理由を考えることができますが、「一番の理由は、良くできたドリルだったからだろう」と考えてしまわないでしょうか。

　このような発想には、最初に大きなつまずきの元があります。顧客は、良いドリルだから（性能が良いから）、購入したわけではありません。顧客は、そのドリルを使って、例えば日曜大工をしたり、何か作業をしたいから、ドリルを購入したのです。ドリルの性能の良さは二の次です。

　顧客が欲しかったものはドリルの性能ではなく、ドリルがあける「穴」だったのです（**図表 1.1**）。セオドア・レビットによる有名な主張がここで登場します。この主張は、大きく 2 つの点で画期的です。

　一つ目は、ドリルが売れた理由を、ドリルとは切り離して顧客の側からとらえた点です。この顧客の必要こそ、「ニーズ」あるいは「顧客ニーズ」と呼ばれるマーケティングの出発点です。

　そしてもう一つは、顧客の必要の観点から「もしかすると、顧客はやむを得ず、ドリルを買ったのかもしれない」と考えられるようになった点です。

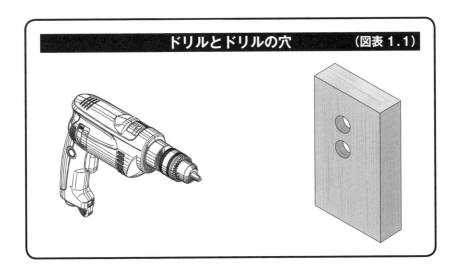

ドリルとドリルの穴 （図表 1.1）

顧客のニーズを把握して、会社のとるべき道を変える

　ドリルが売れた理由を、ドリルそのものに求めるのか、それとも顧客の必要としてのニーズに求めるのか。ドリル自体が売れているのなら、たいした違いはないと思うかもしれません。しかし、ここでの小さな判断が、ドリル製造会社の未来を大きく変えていきます。もし、ドリルの性能のおかげとしていれば、ドリル製造会社は、ドリルの性能をますます向上させようと、ドリルの研究開発に投資することになるでしょう。

　しかし、顧客の欲しいものが必ずしもドリルではなかったと考えれば、ドリル製造会社がとるべき道は、きっと変わるはずです。1/4インチの穴をあけるための、もっと効果的な方法があるかもしれません。ドリルではない別の機械を用いることで、より効果的に穴をあけることができるかもしれません。あるいはそもそも、最初から1/4インチの穴のあいた木材を売るという案もあるかもしれません。とすれば、10年後のドリル製造会社は、かなり変化していくでしょう。このようにマーケティングを志向するか否かが、会社の未来を大きく左右します。

② 技術シーズと顧客ニーズの「フィット」を考える

シーズとニーズがフィットする局面に、製品・サービスがある

　多くの技術は、一つひとつにさまざまな機能をもっています。今では肌を美しくする薬としてよく利用され、多くのビタミン剤に含まれているL-システインという成分は、もともとは二日酔いに効くことが強調されてきました。かのコカ・コーラもまた、昔は頭痛薬でした。

　どの機能を強調すべきなのかを決めるのは、1/4インチのドリルと同じく、技術ではなく顧客です。マーケティングでは折に触れて顧客の存在を強調することになります。その理由は、顧客の存在があってはじめて、「どの技術が必要であり、その技術のどんな機能が必要になるのか」が見えてくるからです。

　企業が有する技術の種は「シーズ」、顧客が必要としている機能は「ニーズ」と呼ばれます。実際に開発される製品やサービスは、この2つが結びつくインターフェイス（境界）と考えられます（**図表1.2**）。

シーズとニーズのズレを埋めて、新製品・サービスを創る

　技術シーズと顧客ニーズのインターフェイスにおいて、最も理想的なのは、技術シーズと顧客ニーズがうまくフィットしている製品やサービスです（**図表1.2**の b）。顧客が必要とする機能を技術がうまく提供できていることになるからです。

　一方で、うまくフィットしている状態からズレている領域もまた、新たな製品・サービスを生み出す可能性があります。まず、技術シーズ

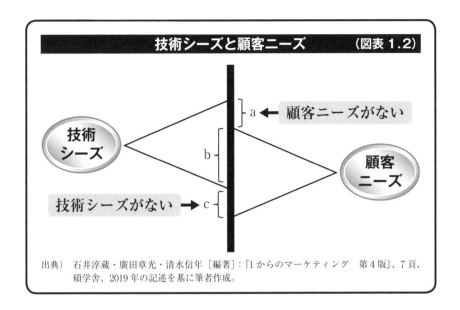

技術シーズと顧客ニーズ （図表 1.2）

出典） 石井淳蔵・廣田章光・清水信年［編著］:『1 からのマーケティング　第 4 版』、7 頁、碩学舎、2019 年の記述を基に筆者作成。

（提供できる機能）があるものの、顧客ニーズがない場合を考えてみます（**図表 1.2** の a）。この場合には、本当に顧客のニーズがないのかもしれませんが、もしかすると、顧客自身、その必要性に気づいていないだけかもしれません。このケースでは技術シーズ主導の市場創造が必要です。

　逆に、顧客ニーズがあるものの、技術シーズがないという場合も考えられます（**図表 1.2** の c）。これはまさに技術開発の出番となります。昨今の新型コロナウイルスの流行下では、ワクチンの開発が世界中の願いとなりました。既存の医薬の転用可能性はもとより、新薬の開発まで含めて、世界中の技術者や科学者が取り組むべき問題となったのです。

　歴史的に見た場合、現代はどちらかといえば「顧客ニーズはあるが技術シーズがない」という状況は減りつつあり、むしろ逆に、「技術シーズはあるが顧客ニーズはない」という場合が増えてきているといえます。つまり、技術シーズに頼ることなく、顧客ニーズを探究するマーケティングの知恵が必要となるわけです。

3 「STP」とは「セグメンテーション」「ターゲティング」と「ポジショニング」の略

STPでシーズとニーズをフィットさせるやり方を決める

　技術シーズと顧客ニーズがフィットする局面に目を向けるため、マーケティングでは、「セグメンテーション」「ターゲティング」「ポジショニング」という3つの要素を考えます(**図表1.3**)。

　まず、セグメンテーションでは、自社が置かれている市場にどのような顧客がいるのかを把握します。通常、市場は、単一のニーズではなく、さまざまなニーズから成り立っています。「①セグメンテーション」では、こうしたニーズの集まりごとに市場を切り分けます。

　そのうえで、「②ターゲティング」では、実際に自社が向かい合うべき顧客ニーズを定めます。ターゲットが定まれば、その顧客ニーズを満たす製品やサービスの特徴もはっきりとさせることができます。

　「③ポジショニング」では、自社が提供する製品やサービスの位置づけを明確にし、他社の製品やサービスとの違いを考えます。

　これら①〜③それぞれの頭文字をとって「STP」と呼びます。顧客ニーズを出発点にするため「S」から始まっていますが、決める順番が明確にあるわけではありません。STPとしてまとまっていますが、これらは行ったり来たりしながら、同時並行的に決まっていくものです。

レッツノートは、一般消費者からビジネスパーソンにターゲットを移した

　レッツノートは、1996年に発売されたノートパソコンであり、その壊れにくさが評価されてきました。当時は、今ほどパソコンが一般的で

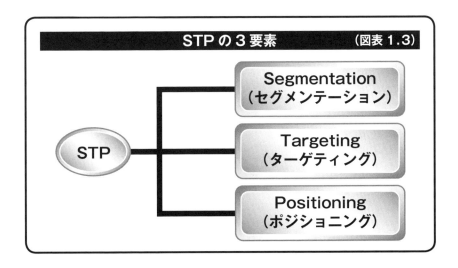

はありませんでしたが、それでも据置のラップトップパソコンをはじめ、パソコン市場は形成されていました。

　セグメンテーションという観点から考えたとき、パソコン市場にはすでにさまざまなニーズが存在していたわけです。ノートパソコンでは、当時ソニーが販売していた VAIO が人気を博します。このとき、VAIO とレッツノートは、同じく小型のノートパソコンでしたが、中心的な顧客層は異なっており、ポジショニングにも違いが見られました。

　VAIO は一般消費者をターゲットとし、スタイリッシュでデザイン性の優れたパソコンを投入していきました。これに対し、レッツノートは、業務用の市場に顧客ニーズを見出し、さらには Dell や HP が得意とする据置のラップトップとも異なる、外出先での用途を想定したポジショニングをとって開発を進めました。ターゲットをはっきりさせることによって、例えば音声機能はステレオではなくモノクロでも十分とわかり、屋外でも見やすいように高輝度な画面が開発されました。これは、ターゲットを変更し成功した代表例の一つといえます。

4 「セグメンテーション」と 「ターゲティング」を考える

最も定番のセグメント軸には、性別と年齢がある

　「セグメンテーション」と「ターゲティング」の前提は、市場は均質ではないということです。セグメントを考えるということは、こうした均質ではない市場において、比較的似通った趣味嗜好をもっている人々の固まりを探し、区分していくということです。

　最も定番のセグメントは、消費財における男女という区分と、年齢という区分です。この2つを用いれば、簡単にセグメントを作ることができます（**図表1.4**）。例えば、アルコール飲料を考えてみましょう。

　まず、20歳未満の男女はアルコールを飲むことができません。ということは、彼らは、アルコールをそもそも飲まないセグメントということになります。そのうえで、20歳以上にしても、おそらく男女でアルコール飲料の摂取の仕方が変わってきそうです。男性のほうが強めのアルコールを好みそうです。女性は、比較的軽めのアルコールや、カクテルなどのおしゃれな飲料を好むでしょう。

　さらにこの傾向は、それぞれの年齢によっても変わってきそうです。男性は、年をとるにつれて焼酎や日本酒といったより強いアルコールを飲むようになるかもしれません。一方で女性は、年をとるにつれてアルコールの摂取量が減っていくように思います。

　簡単なセグメンテーションの例ですが、男女それぞれを年齢で区分すれば、「20歳未満」「中年ぐらいまで」「中年以降」という6つのセグメントに分けることができます。

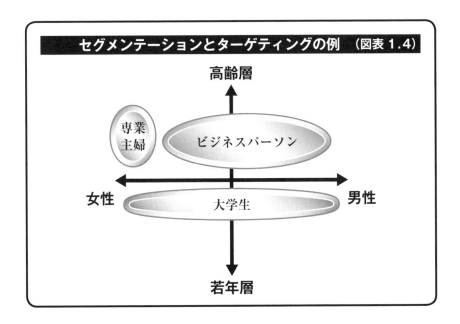

セグメンテーションとターゲティングの例 （図表1.4）

高齢層

専業主婦

ビジネスパーソン

女性 ←→ 男性

大学生

若年層

セグメントの同質性と異質性に注意する

　セグメンテーションでは、セグメント内の同質性と、セグメント間の異質性を考慮します。同質性があるとは、セグメント内の人々が一様に同じということです。異質性があるとは、セグメント間ではニーズが異なるということです。例えば、20代の若い男女のために作ったはずのカクテルが、なぜか中年の男性に大ヒットした場合、単に「うれしい誤算だ」と喜ばずに、「最初から中年の男性をターゲットにすべきだった」とセグメント設定のミスを反省すべきです。

　セグメントが見えてきたら、セグメントのなかから主要な顧客にするターゲットを定めます。この際には、収益性やアプローチの成功率を検討します。市場は、細かく見れば見るほど細分化できます。細分化するほど顧客ニーズがよりはっきりとしていくかもしれません。しかし、細かくするほど、収益性は下がっていくでしょう。

顧客の「ライフスタイル」や「ニーズ探索」から新しいセグメントをとらえる

VALSで、価値観をとらえる

　セグメントを考える際、特に消費財では、顧客の価値観やライフスタイルを考慮します。VALS(VAlue and LifeStyles)と呼ばれる分類方法では、顧客を彼らがもつ価値観に応じていくつかにタイプに分けます。例えば、「革新創造派は広範囲な興味をもち、トレンドに目を配る人々」「自己顕示派は流行に敏感でありつつも、レジャーやファッションに興味をもち、今をエンジョイすることを望む人々」といった具合です。

　価値観やライフスタイルは、年齢や性別に比べ、消費者のなぜに答えられます。「若年層はライトなアルコールを望み、中年層はよりハードなアルコールを好む」だけだと、若年層がなぜライトを望むのかはわかりません。価値観やライフスタイルは、彼らが特定のニーズをもつ理由を示せるので、その理由に即した製品開発やサービス開発が可能です。

　しかし、性別や年齢、価値観やライフスタイルによるセグメンテーションができても、マーケティングとしてはまだ一面的であることに注意する必要があります(図表1.5)。すなわち、これらはあくまでも今の市場を分類した際に導き出されるセグメントやセグメントの軸にすぎず、企業の活動を通じて、新たに生み出されるセグメントはあまり考えていないのです。

新しい価値観やライフスタイルを、創造する

　かつて、「朝専用」という缶コーヒーが発売されました。今でもワン

セグメンテーション軸の種類	（図表 1.5）
人口動態的変数	年齢、性別、家族構成、所得、職業、学歴、宗教、人種、国籍、ライフステージ、ライフコース、など
地理的変数	地域、都市サイズ、気候、人口密度、など
社会心理学的変数	社会階層、ライフスタイル、パーソナリティ、価値観、など
行動的変数	購買契機、追究便益、使用者状態、使用頻度、ロイヤルティ、など

出典）　黒岩健一郎・水越康介：『マーケティングをつかむ【新版】』、有斐閣、2018 年の49 頁を基に筆者作成。

ダ・モーニングショットとして売られていますが、セグメンテーションやターゲティングを考えるうえで、非常に印象的な製品です。なぜなら、そのときには存在していなかったかもしれないセグメントをマーケティングを通じて切り出し、実際に市場を作り出したように見えるからです。

　今考えると、朝と日中では、コーヒーを飲む人々のニーズは少しずつ異なるのは当たり前に見えますが、昔は朝と昼間で意識してコーヒーを変えていた人は少なかったでしょう。つまり、朝専用というセグメントは、例えば「1 杯目はビール」ほど、単純な意味でのセグメントではなかった可能性があるのです。

　朝専用缶コーヒーがすごいのは「朝コーヒーを飲むような人と、日中コーヒーを飲む人は異なるニーズをもった人々である」と考えたうえで、実際に個別のニーズに対応した製品を開発し、人々に受け入れられたことです。セグメンテーションやターゲティングは、こうして今はないセグメントを作り出すことができます。

6 顧客ニーズに的確に応えて、差別化を図る「ポジショニング」を考える

まずは自社製品・サービスの特徴を明確にする

しばしば、「ポジショニングは他社との差別化のこと」と考えられています。ターゲットとした顧客のニーズがわかれば、同じニーズを満たそうとする競合他社の姿が見えてくるとともに、彼らとの違いを考える必要が生じるからです（**図表1.6**）。

例えば、富裕層向けの高級車を開発する場合、同様のターゲットを想定している自動車は他社にも数多くあります。この競争のなかで、「自社の自動車が一番優れていると主張できるポイントがあるかどうか」が、ポジショニングでは重要になります。

ただし、ポジショニングができても差別化できるわけではありません。まずは顧客ニーズに応えられることが重要です。顧客の心のなかに自社製品・サービスを明確に位置づけるために、差別化を考えるべきです。

市場に新しいポジションを確立する

アサヒビールがスーパードライで大成功したことはよく知られています。そこには、優れたポジショニングが見てとれます。当時のアサヒビールは、競合に押されて劣勢でした。そこで、起死回生を目指した活動として、1986年に「アサヒ生ビール」の大幅リニューアルが行われます。リニューアルに際して大規模な消費者調査が実施され、ビールの味の評価として「キレ」「コク」という2つの言葉が発見されたのです。

「コク」は苦みを意味し、当時のビールの主流の味でした。しかし、

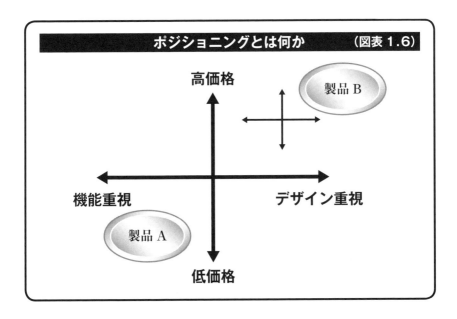

ポジショニングとは何か (図表 1.6)

高価格

製品 B

機能重視　　　　　　　　　デザイン重視

製品 A

低価格

アサヒビールは、特に若い人々を中心に、「コク」はもとより、のどごしの良さといった「キレ」が求められていることに気づきます。「コク」「キレ」の両立を目指した新しい味が開発され、好評価を得ます。「キレ」という評価軸は、それまでのビールではあまり認識されていませんでした。アサヒビールは、新しい評価軸の提案と実現という市場に受け入れられるために、重要な活動をここで実践したのです。

　この後、続いて投入したのが「スーパードライ」でした。スーパードライは、キレを強化しつつ、新たに「辛口」という評価軸を前面に打ち出したビールでした。もともと日本酒やワインで用いられていた「辛口」という評価軸は、ビールでは「コク」の苦みと一緒になっていました。これに対して、アサヒビールは、「コク」とはまた別の「辛口」という評価軸を強調することによって、顧客の現在のニーズに応えるとともに、既存製品とは異なる大きな差別化に成功していきます。このように、STPを活用することで新しい市場を創造できるのです。

7 「消費財マーケティング」と「産業財マーケティング」ではSTPが異なる

産業財取引の特徴を整理する

STP の話を、6〜13 頁で説明してきましたが、これらは主に「消費財」を念頭に置いたものでした。マーケティングのフレームワークの多くは、消費財を前提にして考えられています。これに対して、いわゆる「B to B」と呼ばれる「産業財」取引の場合は、産業財マーケティングやビジネス・マーケティングといった独自の領域を考える必要があります。

一般的に、普通のマーケティングに比べると、産業財マーケティングの場合は、売り手と買い手の間にいくつかの特徴があります。まず、取引の継続性を指摘することができます。一度取引を始めると、例えば1年というスパンで、あるいはもっと継続的に取引が続きます。

取引の継続性は、そもそも取引相手の数が限られていて、取引の規模が大きいという事情に関係しています。消費財の場合は、メーカーの数もそれなりにあるし、顧客である消費者の数はそれこそ膨大です。これに対して、産業財の場合、例えば鉄板を作っている企業と自動車を作っている企業の取引では、取引相手の数は圧倒的に少なくなります。

産業財のセグメンテーションを考える

産業財取引に、STP そのものが不要だというわけではありません。既存顧客との継続的な取引や取引の拡大はもちろん、新規顧客の獲得を考えたとき、自社が置かれている市場にはどのような顧客が存在し、どの企業を顧客とすべきなのか。どのような独自の製品やサービスを提供

産業財のセグメンテーション軸　　(図表 1.7)

人口動態的変数	業種、企業規模、所在地、など
オペレーティング変数	使用頻度、顧客の能力、など
購買アプローチ変数	購買部門の有無、現在の関係性の性質、購買方針、購買決定基準、など
状況要因変数	緊急性、受注量、など
組織特性変数	ロイヤルティ、など

出典）　黒岩健一郎・水越康介『マーケティングをつかむ【新版】』、有斐閣、2018 年の 226 頁を基に筆者作成。

することができるのかは、マーケティング全体に共通する課題です。

　消費財で見た性別や年齢とは別に、顧客企業の業種と事業規模、そして所在地が重要な基本情報です。同様に、価値観やライフスタイルに似たものとして、商材の使用頻度や顧客の能力、さらには購買方針を考えることができます(**図表 1.7**)。

　1980 年代、日本の鉄鋼メーカーは、制振鋼板という防音性に優れた鉄板の開発を進めていました。これは大変画期的な製品で、自動車への利用が期待されていたのですが、当初は技術的にもまだ未成熟で、自動車への利用は難しい状況でした。そこで鉄鋼メーカーが見つけたのは、家電メーカーが生産していた洗濯機でした。

　顧客が変われば、そのニーズも変わります。例えば、防音性はもとより、耐久性など改めて機能を考える必要が生じます。市場の競合状況も異なるでしょう。このように STP の要素(セグメンテーション、ターゲティング、ポジショニング)すべてが、産業財でも重要だとわかります。

8　「アンゾフの成長マトリックス」で企業成長の方向性を考える

アンゾフの成長マトリックスは、大変有効な企業の成長戦略である

　企業をどの方向で成長させたらよいかを考えるのに、大変有効な手法が「アンゾフの成長マトリックス」です。これは「経営戦略の父」と呼ばれるアメリカの経営学者、イゴール・アンゾフが考えたものです。

　アンゾフは企業戦略の立案に、市場と製品の2軸を考え、その2軸に既存と新規を掛け合わせたマトリックスを考案しました。そしてできた4つ象限を「市場浸透」「新商品開発」「新市場開拓」「多角化」の4戦略にまとめました。そして彼は、企業が成長するには、各象限ごとに戦略を考えることが大切と主張しました（図表1.8）。

アンゾフのマトリックスで、4象限の各戦略を活用する

　4つの象限のそれぞれの戦略を、以下で解説します。このアンゾフの成長マトリックスは、市場と製品の両方に既存と新規を組み合せて、戦略を練るものです。

　①　市場浸透戦略（既存市場×既存製品）

　　これは既存製品のマーケットシェアをアップさせる戦略です。具体的には、広告の投入やアフターサービスを充実させたりして、新しい顧客を獲得したり、既存顧客のリピートの増加を目指します。

　　飲食店なら、地域にチラシを配布したり、各家庭に食品を出前したりすることなどが考えられます。

　②　新商品開発戦略（既存市場×新規製品）

アンゾフの成長マトリックス （図表1.8）

	既存製品	新規製品
既存市場	①市場浸透戦略	②新商品開発戦略
新規市場	③新市場開拓戦略	④多角化戦略

　既存市場に新製品を投入し、売上を伸ばす戦略です。既存製品をモデルチェンジしたり、まったく新しい製品を開発します。

　小型2輪車メーカーなら、新しい電動バイクの販売や、大型2輪車への進出がこれに当たります。

③　新市場開拓戦略（新規市場×既存製品）

　新しい市場に、既存の製品を投入して新規顧客を獲得する戦略です。既存製品を、違う年齢層や海外に販売を拡大するなどです。

　化粧品会社なら、女性向きの製品を男性向きに変えて販売したり、アフリカ市場を新たに開拓することなどが考えられます。

④　多角化戦略（新規市場×新規製品）

　新しい市場に向け、新製品で勝負する戦略です。両方とも新しいのでリスクが大きく、企業は実施に大変勇気がいる戦略といえます。

　家電会社が金融ビジネスに進出したり、IT企業が家庭用ロボットや電気自動車に進出するなどがその一例です。

　このアンゾフの成長マトリックスは、現在では大変多くの企業で用いられている戦略です。

9 戦略の観点からは 「SWOT分析」や 「3C分析」がある

「SWOT分析」と「3C分析」は分析の枠組みとして汎用性が高い

　STPに似た枠組みとして、戦略の観点からは「SWOT分析」や「3C分析」が目的に応じて利用されてきました(**図表1.9**)。

　最も汎用性が高く、よく利用されているのは「SWOT分析」です。SWOTでは、自社(内部)の強み(Strength)、弱み(Weakness)と、環境(外部)が自社に与える機会(Opportunity)、脅威(Threat)をまとめ、機会を活かし、脅威に備える方法を考えます。この基本的なアイデアは、分析対象の内部と外部を分けて考えることにあります。「自社がどうなっているのか」「外部がどうなっているのか」という組合せから、今後の方針が定まります。SWOT分析は汎用性が高く、ビジネスに限らずさまざまな局面で利用できます。

　STPに近い分析法に、「3C分析」があります。3C分析では、内部と外部を分けて考えることを意識しつつ、内部である自社(Company)と、外部として顧客(Custmer)と競合(Competitor)を考えます。SWOT分析とは異なり、それぞれを強みや弱みに分けません。それらを考えないのではなく、分析する中で「競合との競争優位性」「顧客との関係性の強さや弱さ」が検討されます。3C分析では、SWOT分析の強みと弱みの中に隠れがちな顧客や競合という具体的な対象が前面に出てきます。

　3C分析は、STPとほとんど同じ内容を取り扱っています。STPは、顧客のニーズを重視するマーケティングの考え方を反映して、顧客や市場の分析により焦点を置いています。一方で、3C分析では、戦略の観

SWOT 分析と 3C 分析　　　　（図表 1.9）

■ SWOT 分析

	プラス要因	マイナス要因
内部環境	**Strength（強み）** 自社の状況として 有利な要因	**Weakness（弱み）** 自社の状況として 不利な要因
外部環境	**Opportunity（機会）** 市場にとって有利に 働く外部環境要因	**Threat（脅威）** 市場にとって不利に働く 外部環境要因

■3C 分析

自社 Company　内部環境としての強みと弱み

事業機会

顧客 Customer　　競合 Competitor

外部環境としての機会と脅威

出典）　黒岩健一郎・水越康介：『マーケティングをつかむ【新版】』、有斐閣、2018年の44頁を基に筆者作成。

点を反映して、競合と自社のパワーバランスに注目しています。

あらゆる分析法は、定期的に実践することが大切である

　SWOT分析、3C分析、STPなどの分析は、ある一時点での分析であるので注意が必要です。つまり、これらの分析を実際に行い、意思決定をしても、その後に状況が変化してしまう可能性は常にあります。

10 コトラーの提唱する「マーケティング・リサーチ」の手順とデータ収集法

コトラーは「マーケティングの基本手順は5ステップ」と提唱した

マーケティングの第一人者といえば、アメリカの経営学者フィリップ・コトラーでしょう。コトラーは、マーケティングの基本手順として次の5ステップをあげています（**図表1.10**）。

① マーケティング・リサーチ
② STP（セグメンテーション、ターゲティング、ポジショニング）
③ マーケティング・ミックス
④ 実施
⑤ 管理

以下で、上記①のマーケティング・リサーチについて解説します。

マーケティング・リサーチでは、1次データと2次データを集める

コトラーは、マーケティング・リサーチでは、1次と2次のデータを収集するといいます。1次データは、特定の目的のために収集されるデータです。2次データは、すでに他の目的のために収集されたもので、行政や各種団体が定期的に集めるデータはその代表的なものです。

コトラーがいうように、マーケティング活動では、2次データより1次データのほうが、テーマに直接的なので重要です。しかし、収集には労力や時間、費用もかかります。収集方法には以下のものがあります。

❶ 質問法：商品のケースでは、商品の認知、購買動機、使用感などを知るため、アンケートなどを実施します。質問法はデータを

コトラーのマーケティングの基本手順 （図表1.10）

①	R	Research	マーケティング・リサーチ
②	S T P	Segmentation Targeting Positioning	セグメンテーション ターゲティング ポジショニング
③	M M	Marketing Mix	マーケティング ミックス
④	I	Implementation	実施
⑤	C	Control	管理

多角的・大量にとれるので、テーマの総合的な把握が可能です。その方法としては、面接、電話、郵送、インターネットなど、さまざまあります。

❷　観察調査法：店内の顧客の行動観察で店舗レイアウトが変えられます。若者の行動観察で流行のファッションがわかります。また、台所の主婦の行動観察からは、日用品の改良ができます。

❸　デプスインタビュー法：消費者一人に対面で質問して深い意見を集めます。グループでなく個人なら本音が聞けるからです。

❹　グループインタビュー法：対象者を6〜10人程度集め、テーマについて討論し、その内容を分析する方法です。活発な意見が出るかどうかがカギです。

❺　データ分析法：消費者から記録や写真などをもらい、消費行動を分析する方法などです。さまざまなビッグデータを解析して、消費の動向や行動などを分析するのもデータ分析法です。

これらのリサーチからマーケティングの手順が、スタートします。

コラム1　マーケティングの誕生：マーケティング 1.0

　マーケティングという言葉が生まれたのは、20世紀初頭のアメリカです。大量生産・大量消費時代を迎えていたアメリカの企業にとって重要なのは、もはや「ものを一つでも多く作ること」ではなく、「作ってしまったものを一つでも多く売ること」でした。例えば、フォードは自動車を大量生産することで成功しました。しかし、やがて、売ることにも長けたGMの台頭を許してしまいます。

　企業の売り方が洗練されていく一方、顧客が「いらないものを無理やり売りつけられている」と感じる場面も多くなってきました。ものが余るそもそもの理由は、顧客が必要とする以上に作ってしまったせいです。このような企業と顧客の関係は決して望ましくはありません。これが製品を主体にものの売り方を考えていた時代であり、マーケティング 1.0 とよぶことができます。

　このような事態が変わり始めるのは、社会全体がより冷静にもの余りの根本的な理由を考えられるようになった頃でした。ものを余らせないためには、そもそも「売れないものを作らない」「人々が本当に必要とするものだけを作る」ことにすればいいわけです。

　これは今では至極当然の考え方かもしれません。しかし、この考え方の登場は、ものの見方を180度転換するような出来事でした。こうして、「作ったものを売るのではなく、売れるものを作る」「マーケティングはセリングを不要にする」という、マーケティングの初心者でも聞き覚えがあるであろうフレーズが生まれました。

Part II

マーケティング・ミックスを使いこなす

1 「マーケティングの4P」とは 「Product」「Price」「Place」「Promotion」

マーケティングの基本の枠組みは、4つのPである

　顧客のニーズがわかり、ターゲットやポジションがはっきりしてきたら、実際の開発や販売体制を整えていくことになります。マーケティングでは、伝統的に、大きく4つの要素に注目してきました。製品（Product）、価格（Price）、流通（Place）、販売促進（Promotion）です。いずれも「P」から始まる単語で統一され、頭文字をとって4Pや4Ps、あるいはマーケティング・ミックスと呼ばれます（**図表2.1**）。

4つの要素はすべて等価であり、等しく重要になる

　製品とは、「パソコンや飲料などさまざまなモノやサービス」を指します。この製品をどのように開発するのかとともに、どのような形で顧客に提供するのかを考えることが製品政策です。製品の開発は一般的に、技術者や開発者の専門的な領域とされ、イノベーションが求められます。しかし、こうしたイノベーションに限らず、製品政策で重要になるのは、複数製品の組合せやパッケージングを含むデザイン、あるいは購買後の保証や保守サービスをどうするのかということです。

　価格は、値付けの問題です。良いものをより安くすることは基本ですが、ただ安くすることだけが正しいわけではありません。そもそも、コストを賄えない価格には意味がありません。また、顧客は、価格から製品の品質を推測することがあります。顧客が喜んで支払ってくれる価格を見据えたうえで、それに合わせた製品政策やマーケティング全般を

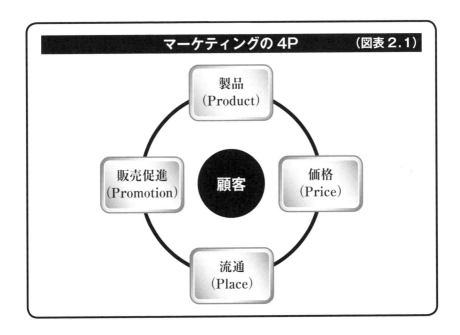

マーケティングの4P （図表2.1）

製品
（Product）

顧客

価格
（Price）

流通
（Place）

販売促進
（Promotion）

検討すべきです。支払いの方法や時期についても、検討する必要があります。例えば、定額制か、従量制にするのかは重要です。

　流通では、販路をどのように設計するのかが問題になります。どこでも買えるのがよいとは限りません。販路を広げれば、それだけ販路を管理する必要が生まれます。そのコストがかかれば、それだけ価格を上げる必要が生じます。かといって、販路を狭くすれば、売れるチャンスを逃してしまうかもしれません。何より、その製品やサービスを必要としている顧客のもとに届けられないかもしれません。自社で販売まで行うのか、それとも卸売業者や小売業者の力を借りるのかは重要な課題です。

　最後の販売促進は、広告や営業の活動で最もマーケティングらしい活動といえます。これらもただコストをかければよいわけではなく、広告にしても、どのような媒体を選び、メッセージを伝えるべきかの選定が重要です。産業財であれば、営業の役割を考える必要があります。

② 「マーケティング・ミックス」では 4つのPを組み合わせる

4つのPは整合的に組み合わせることに意味がある

　4Pや4Psは、マーケティングでは最もよく知られた用語の一つです。この効果的な組合せを考えることが、マーケティング・ミックスです（**図表2.2**）。どうしてこの4つの組合せを考えるのが効果的なのでしょうか。この説明には、経験則あるいは経済学によるものがあります。

　経験則としては、もともと4Pは4つだけではなく、5つあったり、あるいは12個のチェックリストから必要なものを選ぶものもありました。これらが時間の中で精査され、1960年ごろには、おおむね4つを中心としたマーケティング・ミックスが確立されました。

　マーケティング理論の母体の一つである経済学では、完全競争ではなく、独占や寡占競争での企業活動に注目が集まってきたことにより4Pを考えるようになりました。完全競争とは異なり、独占や寡占競争では、価格の決定を企業が行えるようになります。価格の決定は、言い換えれば企業が利益をより多く出せる施策です。独占や寡占競争なら、さらなる競争優位性の確立ができ、この利益を製品開発や販売の仕組み作り、さらには販売促進に投資できると考えられたのでした。

流通や販売促進に力を入れるため、2つのパターンを押さえる

　マーケティング・ミックスを考えるうえで重要なのは、要素の数ではなく、各要素を目的に一貫性をもって組み合わせることです。4Pに一貫性を与えるのは、顧客のニーズに応えるという目的です。今では当た

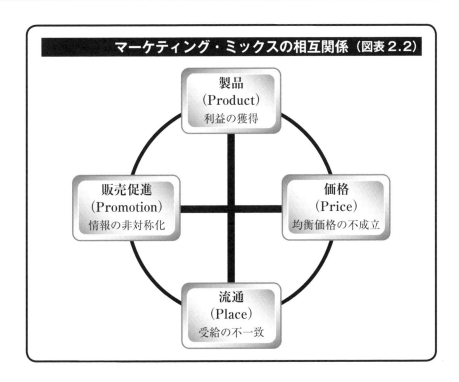

マーケティング・ミックスの相互関係（図表2.2）

製品
（Product）
利益の獲得

販売促進
（Promotion）
情報の非対称化

価格
（Price）
均衡価格の不成立

流通
（Place）
受給の不一致

り前ですが、顧客のニーズは、かつては4Pの目的ではなく4Pに影響を与える外部要因の一つ程度に考えられていました。

　顧客のニーズに応えるという目的の下で4Pに一貫性を与える場合には、典型的なパターンがあります。古典的には大きく2つのパターンがあり、「プッシュ戦略」と「プル戦略」と呼ばれる組合せ方です。

　「プッシュ戦略」は、顧客になじみがなかったり、強く興味を引かれない商品を、店頭で購買してもらうために利用される組合せです。店頭（流通の現場）で販促してもらうために、高いマージン（支援金）を支給します。一方で「プル戦略」の場合は、逆に顧客がよく知った製品や興味のある商品を販売するため、テレビCMなどのマス広告を用いて顧客に直接働きかけ、自発的な店頭での購入を狙います。

3 「4C」とは「Customer-solution」「Cost」「Communication」「Convenience」

企業側視点の 4P から、顧客側視点の 4C へと重点が移った

4P はマーケティングの基本ですが、最近では 4P に代わって 4C を考えようという議論もあります。これは、4P の考え方が、どちらかというと企業側からの視点であったことを反省し、より顧客側の視点から、4P をとらえ直そうというものです。

顧客側から見ると製品は何らかのソリューション(Customer-solution)です。価格は、顧客側から見ればコスト(Cost)です。流通は、利便性(Convenience)です。プロモーションもまた、顧客側から見ればコミュニケーション(Communication)です。このように 4C のほうが、より顧客側からマーケティングの活動要素をとらえ直せて、よりうまく顧客のニーズに応えられるのかもしれません(**図表 2.3**)。

すべては、顧客のニーズに対応づけられた活動である

ソリューションを意味する「問題解決」は、顧客のニーズに直接応えるものです。本書の最初に、ドリルの穴の話をしました。顧客はドリルが欲しいわけではなく、ドリルであけた穴が欲しいわけです。製品やサービスそのものではなく、その製品やサービスが提供する機能と、その機能に対応する顧客のニーズを考える必要があります。

「コスト」は、お金を払っても解決したいと考えている顧客側の意識のことであり、開発や製造にどれだけお金がかかっているのかという企業側のものではありません。したがって、コストには、顧客側の経済的

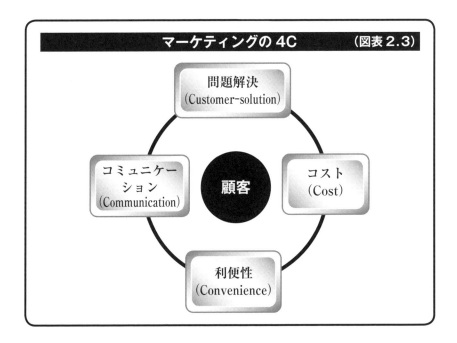

マーケティングの4C （図表2.3）

問題解決
（Customer-solution）

コミュニケー
ション
（Communication）

顧客

コスト
（Cost）

利便性
（Convenience）

な事情だけではなく心理的なコストも含まれます。「めんどうくさい」「なんとなく気が重い」を解消するコストが対価の源泉です。

　「利便性」は、顧客にとっての購入・利用のしやすさです。Amazonや楽天のようなオンラインショップの利便性は、所構わず購入でき、早ければ翌日には手元に届くというところです。この例からも、ただ販路の広さを調整すればよいのではなく、顧客が求める販路の利便性が重要だとわかります。

　最後に「コミュニケーション」は、顧客側に限らず、企業側からも重要な販売促進の側面といえます。これは、デジタルの時代にはますます重要です。今では売り手が買い手に一方向的に情報を伝えるのではなく、双方向的にコミュニケーションする視点、顧客側からもさまざまな形で売り手に情報発信するのが当然になりました。コミュニケーション重視のマーケティングは、次項のIMCの考え方にもつながります。

4 すべてをコミュニケーションと 考えれば「IMC」になる

IMC は、すべてをコミュニケーション活動としてとらえることである

　マーケティング・ミックスの各要素のすべてをコミュニケーションの問題として統合していこうという考え方を IMC(Integrated Marketing Communications)と呼びます(**図表2.4**)。製品、価格、流通、そしてプロモーションを通じたコミュニケーションを統合的に考えることです。

　製品は、製品そのものがメッセージの塊であり、そのメッセージを顧客が受け取ると考えられます。優れたブランドは、ものとしてではなく、顧客にとってあたかも友人であるかのように擬人化されて理解されることがあります。また、近年では、開発過程もコミュニケーション過程としてとらえ、インターネット上で公開する事例もあります。

　価格もまた、さまざまな情報が含まれています。価格の高さは質の良さを、価格の安さは手に取りやすさや近寄りやすさを発信しています。価格政策ではコストや利益が重要になりますが、コミュニケーションという観点からは、「価格が発信している情報は何か」をとらえます。そのうえで、「その情報が他のマーケティング・ミックスの要素や、顧客のニーズにフィットしているかどうか」を考える必要があります。

　流通もまたコミュニケーションにとって重要な役割を担っています。何より、人々が実際にその製品を見たり触れたりすることができるのは、この流通過程においてです。店舗の陳列はいうまでもなく、接客すればより直接的に顧客とのコミュニケーションが生まれます。

　販売促進は、もともと企業と顧客のコミュニケーションそのものでし

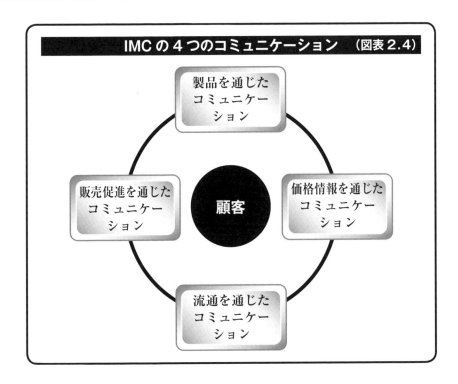

IMC の４つのコミュニケーション　（図表 2.4）

製品を通じた
コミュニケー
ション

顧客

価格情報を通じた
コミュニケー
ション

販売促進を通じた
コミュニケー
ション

流通を通じた
コミュニケー
ション

た。ただし、多くの販売促進は売り手から買い手に向けた一方向の情報
発信になりがちでした。IMC では、「他のマーケティング・ミックスの
要素も情報を発信している」と考えるのですが、同時に、「これらもた
だ一方向なものではなく、双方向で行われている」と考えます。

IMC の発展は組織統合へと向かう

　IMC は、マーケティング・ミックスの統合だけに限られません。今
や組織統合の時代に移っているという指摘もあります。つまり、個別の
マーケティング活動だけではなく、これらを実行する組織全体までを含
めて、コミュニケーションという観点から統合していこうというわけで
す。この場合には、統合すべきは組織の諸部門になります。

5 サービス財では「7P」や「8P」で考える

目に見えないサービスの特性を考慮する

　製品とサービスは、区分されることもあります。マーケティングでは、サービス・マーケティング・ミックス（**図表2.5**）として、4Pにさらにを付け加えた7Pあるいは8Pという考え方が発展してきました。これらは、製品とサービスの財としての特性の違いに起因しています。

　製品とサービスの最も大きな違いは、具体的なものの有無であり、「有形性」と「無形性」として区別できます。サービスの一例は、病院での治療行為やレストランでのランチです。これらのサービスでは建物などを利用しますが、中心的な提供サービスには形がありません。

　サービスは、無形であるがゆえに、提供者と利用者が直接接することで生じます。これを「同時性」と呼びます。さらに、サービスは、その価値をそのまま維持しておくことはできず、提供者と利用者が離れればすぐになくなってしまいます。この特性は「消滅性」と呼ばれます。

参加者、物的環境、プロセス、生産性が4Pに追加される

　サービス財では、無形性、同時性、消滅性といった特性に合わせ、4Pに他のPが追加されます。追加要素には、参加者（Participants）、物的環境（Physical environment）、プロセス（Process）があり、7Pを構成します。これに生産性（Productivity）を追加すると8Pになります。

　「参加者」とは、サービスの提供で直接的に介在する多くの人々です。まずは従業員がサービスの一部として重要です。さらに、レストランで

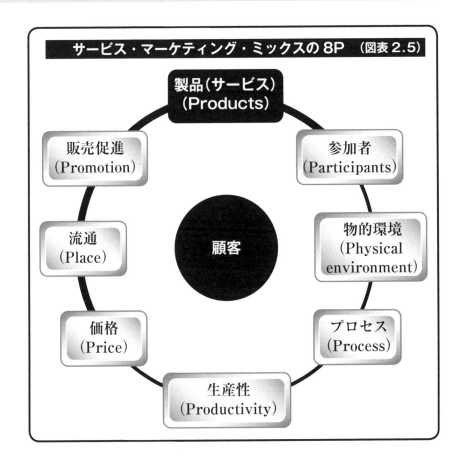

サービス・マーケティング・ミックスの8P （図表2.5）

製品（サービス）（Products）

販売促進（Promotion）

参加者（Participants）

流通（Place）

物的環境（Physical environment）

顧客

価格（Price）

プロセス（Process）

生産性（Productivity）

あれば、たまたま隣り合わせた顧客も、参加者になります。

「物的環境」は、当のサービスを実現する数々の要素を意味し、ホテルの建物やベッド、アメニティなどが該当します。先にも説明したように、有形財をうまく組み合わせることでサービスの質が保たれます。

「プロセス」とは、サービスが提供される際の手順と流れです。ホテルでもレストランでもサービスの提供には一定の時間が必要です。

最後に「生産性」では、保存がきかず、質のばらつきが出やすいサービスにおいて、需要の変動に備えた高いサービスの維持の方法を考えます。

6 小売業の場合は「小売ミックス」を考える

小売業では、特に品揃え、アクセス（立地）、雰囲気が重要になる

　マーケティングの考え方は、もともとはメーカーを主体とした活動を対象にしてきました。しかし今日では、多くの企業や組織がマーケティングの考え方を独自に活かすようになっています。小売業も同様です。小売業は、サービス業としてサービス・マーケティング・ミックスも用いられますが、小売ミックスといった考え方もあります（**図表2.6**）。

　小売ミックスは、マーケティング・ミックスの小売業版といえ、**図表2.6**のような5要素を考えます。品揃え、雰囲気はおおよそ製品に対応し、価格とプロモーションはそのまま価格とプロモーションに対応し、アクセス（立地）は流通に対応していると見ることができます。

　まずは「品揃え」です。メーカーのマーケティング・ミックスでは製品の次にラインナップの充実を考えます。小売業は多くの製品を集約しての販売に特徴があり、品揃えが腕の見せ所です。

　「価格」と「プロモーション」は、マーケティング・ミックスと同様です。特に小売業では、充実した品揃えを活かし、価格戦略としてあえて利益が出ないぐらいに値下げしたロス・リーダーを用意して顧客を吸引し、品揃え全体の粗利ミックスとして利益の最大化を目指します。

　「雰囲気」とは店舗の雰囲気です。店舗は、小売業にとり製品の一部分でもあり、雰囲気の作り込み方で顧客層も変化します。小売の劇場化と呼ばれますが、通常、店舗はハレを演出し、明るく、楽しい雰囲気を作り出そうとします。そのほうが顧客の購買意欲をかきたてるからです。

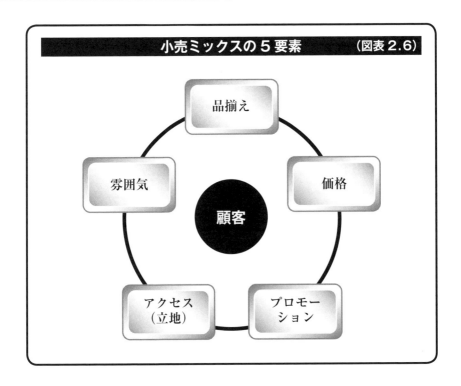

図表2.6

小売ミックスの5要素

品揃え

雰囲気

顧客

価格

アクセス
(立地)

プロモー
ション

　最後の「アクセス(立地)」は、店舗をどこに構えるのかということです。顧客が数多くいる場所が第一の選択肢になりますが、そうした場所は他の店舗も多く、競争も激しさが予想されるので、顧客が少ない場所に店舗を構える方法もあります。店舗がもつ顧客吸引力は、1店舗だけよりも、複数店舗の集合体として規模が大きくなればなるほど、強まる傾向があります。ショッピングモールなどの商業集積がいい例です。

小売業では業態も重要になる

　小売ミックスには、業態としての典型的なパターンがあります。現在、日本では主要な小売の業態として百貨店、スーパー、コンビニ、家電や衣料などに特化した、カテゴリーキラーと呼ばれる業態があります。

7 公共・非営利組織の活動に必要なのは「ソーシャルマーケティング・ミックス」

マーケティングは、公共・非営利組織にも必要である

　公共・非営利組織のマーケティングを考える場合、まず注意しなければならないのは、最初の出発点である顧客のニーズです。例えば、公共組織として市や国といった行政組織を考えてみましょう。行政組織にとって、顧客とは、おそらくそこで生活している市民や国民ということになります。では、市民や国民がもっているニーズとは何でしょうか。平和、安全、あるいは幸せなど、さまざま考えることができます。

　行政組織にとっての顧客（Customer）は、それ以外に3つの側面をもっています。人々は、市民（Citizen）であり、依頼人（Client）であり、主権者（Subject）でもあります。顧客である前に市民である人々は、行政とともに問題解決を目指す親密な依頼人としての関係をもっています。それとともに、主権者として行政の活動に責任をもち、自らが行政や彼らの目指す目標実現のために一役買わねばならないこともあります。

　つまり、行政組織にとっての顧客は、一般的な営利組織でいうところの、従業員や株主のような側面ももっているのです。

提案、コスト、アクセシビリティ、プロモーションが、重要になる

　ソーシャルマーケティング・ミックス（**図表2.7**）は、4C に近い形で読み換えられます。

　「提案」は、無形で人々に行動変容を迫る点が特徴的です。「禁煙しよう」「税金を納めよう」という提案は、人によっては避けたいことです

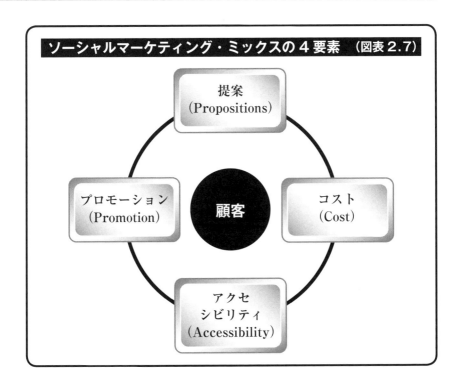

ソーシャルマーケティング・ミックスの4要素　（図表2.7）

提案
(Propositions)

プロモーション
(Promotion)

顧客

コスト
(Cost)

アクセ
シビリティ
(Accessibility)

が、社会や人生の全体を考えれば重要になる未来への投資を含みます。

　「コスト」は金額だけではなく、人々がその提案を受け入れる心理的な負担を含みます。例えば、タバコやアルコールへの依存を減らすという場合には、本人にとって大きな負担がかかることにもなります。

　「アクセシビリティ」は、提案を受け入れ実践する場所です。アクセシビリティに限らず、ソーシャルマーケティング・ミックスでは、顧客の利便性を高めるだけではなく、例えばタバコの販売場所を制限するように、制約を加えることも重要になります。

　最後に「プロモーション」は、告知キャンペーンだけではなく、社会的コミュニケーションが求められます。提案そのものがプロモーションに近いといえますが、行動変容には時間がかかります。

8 デジタル時代の マーケティング・ミックスは 「顧客が参加」する

デジタル時代のマーケティング・ミックスを考えよう

　デジタル・マーケティングという特別なマーケティングがあるわけではありません。しかし、昨今のスマホや SNS の普及、その基盤となるデジタル技術の発展でマーケティング・ミックスの特徴も変化しています。デジタル時代、ネット時代のマーケティング・ミックスとして、デジタル・マーケティング・ミックス（**図表 2.8**）を考えてみましょう。

　従来のマーケティング・ミックスと、要素そのものは変わりません。違うのは、それぞれの要素が顧客とより密接に結びつくため、企業単独ではなく、顧客の参加が前提となる点です。その具体的な内容は、「共創」「通貨」「共同活性化」「カンバセーション」です。

デジタル時代の企業は、顧客との価値創造を目指す

　「共創」とは、企業と顧客がともに製品の開発や価値の創造に携わることです。もちろん、顧客は技術者ではなく、専門的な知識を持ち合わせているわけではありません。しかし、製品やサービスを実際に利用するのは顧客であって、開発する技術者ではありません。その限りにおいて、顧客もまた製品やサービスに対する専門的な知識をもっているのであり、一緒に作り上げるという考え方がますます重要になります。実際、消費者参加型の製品開発、あるいはユーザー・イノベーションといった新しい試みが行われるようになっています。

　「通貨」とは、販売価格がまさに為替の通貨のように変動し、すばや

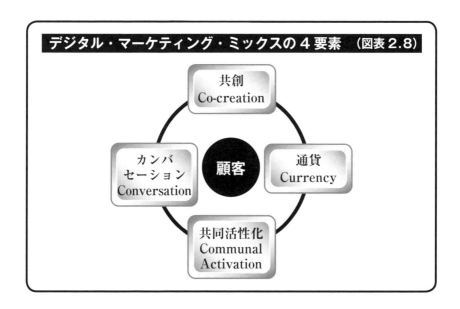

デジタル・マーケティング・ミックスの4要素 （図表2.8）

共創
Co-creation

顧客

通貨
Currency

カンバ
セーション
Conversation

共同活性化
Communal
Activation

く需要と供給のレベルを反映するようになっている状態です。もちろん、これまで、同様の変化は市場によってもたらされてきました。しかし、デジタル時代の今は、ダイナミック・プライシングと呼ばれる動的な価格設定はもちろん、その実現のために、顧客のさまざまなプロフィールを組み合わせる仕組みを構築することもできます。

　「共同活性化」とは、消費者間の取引が新しい流通チャネルとして登場したことです。これは中古品の2次流通のみではなく、ウーバーやエアビーアンドビーなどのシェアリング・サービスと呼ばれる（互いの所有物を利用し合ったり共有し合う）新ビジネスともつながっています。

　「カンバセーション」とは、従来のコミュニケーションと比べて顧客の声がより簡単に出しやすく、かつ企業に近くなる状態のことです。SNS上にあふれる投稿には、企業や製品・サービスに向けられた声が数多く含まれ、クチコミとして他の顧客にも影響を与えていきます。これらを企業は活かすことで、顧客とカンバセーションできます。

9 マーケティング・ミックスは「産業ライフサイクル」に合わせる

産業ライフサイクルに応じて、マーケティングを変える

　製品や産業ライフサイクルでは「導入期」「成長期」「成熟期」「衰退期」の段階で、産業発展をとらえます。どの段階かの客観的な把握は困難ですが、自社の環境に応じてマーケティングを変えていきます（**図表2.9**）。

　まず、新製品や新サービスが登場し始めたころを「導入期」だと考えれば、それらの認知を高める必要があります。マーケティング・ミックスでは、限られた顧客を相手に価格は高めでも店頭や営業でのコミュニケーションを軸にします。「成長期」では、競合製品や補完製品が登場し始め、市場規模が大きくなり始めます。競争に応じて価格が下がり始め、競合との差別化が必要になります。販売促進にも費用がかかり、テレビCMなどを通じて最終顧客に、直接アピールする必要が出てきます。

　「成長期」から「成熟期」に向かうにつれて、産業の特徴も明確になるため、デファクトスタンダードが確立します。よく知られている例は、かつてのビデオの規格や、iPhoneやAndroidのOSです。

　「成熟期」には、競合による淘汰が進み、勝ち残った企業による寡占競争となります。引き続き差別化は必要ですが、利益を見込みやすくなる時期でもあります。新製品や新サービスの新規性は薄れ、調達可能な汎用品となっていきます。競合が減る代わりに、小売業や川下企業の力が強まり、プライベートブランドなども登場し始めます。

　「衰退期」には市場が小さくなり始め、新技術や新産業へとシフトします。撤退を考える一方、競合は減るため、残存者利益を見込めます。

ライフサイクル別の戦略 (図表2.9)

	導入期	成長期	成熟期	衰退期
市場目標	製品認知	市場シェア	生存利潤	利潤・撤退
基本方針	投資重視	デファクトスタンダード	投資回収	残存利益
ターゲット	初期ユーザー	一般ユーザー	一般ユーザー	残存ユーザー
製品	新技術	改良技術	改良技術	改良技術
価格	高価格	低価格	低価格	中価格
流通	高マージン	低マージン	低マージン	低マージン
プロモーション	営業、店頭	マス広告	マス広告	媒体の見直し

出典) 黒岩健一郎・水越康介：『マーケティングをつかむ【新版】』、有斐閣、2018年の151頁を基に筆者作成。

産業ライフサイクルをマーケティングで変える

　産業ライフサイクルに応じてマーケティングを変えることが重要ですが、逆に、マーケティングを変えることで産業ライフサイクルに影響を与え、成熟期や衰退期から再び成長期に入ることもあります。

　例えば、チェキのようなインスタントカメラは、デジカメやスマホの登場で衰退すると考えられていました。しかし、ターゲティングとポジショニングを見直し、コミュニケーションツールやファッションアイテムに展開し、今では以前よりも多くの販売台数を誇っています。

⑩ マーケティング・ミックスは「市場地位」に合わせる

業界のリーダーとフォロワーでは、異なるマーケティングが必要になる

競争戦略の基本には市場での地位に応じた戦略(**図表 2.10**)があり、それぞれで異なるマーケティングを考えるべきです。

トップシェアの企業が選択しやすい「コスト・リーダーシップ戦略」では、相対的に大きい規模の経済と経験の経済を通じたコストの削減と、それによって実現される低価格が最大の武器です。製品のラインナップを広げて生産量を維持しつつ競合製品の差別化を封じ、流通に自社製品を広く販売します。販売促進は利益だけでなく市場全体の拡大も狙い、最大シェアの企業として恩恵を受けることを目指します。

2番手以降の企業が選択しやすい「差別化戦略」では、コストの面で対抗しにくいトップ企業に対し、異なる製品特徴を訴求し顧客のニーズに応えようとします。販路の選択やイメージ作りを含む販売促進に成功して差別化できれば、価格競争をせずに済みます。トップ企業の同質化にもうまく対応できれば、差別化された製品のシェアを伸ばし、トップ企業になれる可能性も見えてきます。かつてキリンはラガービールを推進してドライビールへの対応が遅れ、アサヒのスーパードライ投入でシェアを逆転されました。

差別化も難しい場合、フォロワーとしての「模倣戦略」やニッチな「特化戦略」が考えられます。「模倣戦略」では、トップ企業や2番手以降の競争を見据えながら、機能を抑えたより廉価な製品開発を進めます。「特化戦略」では、トップ企業などの上位企業にとっては旨味のない市

	リーダー	チャレンジャー	フォロワー	ニッチャー
市場目標	最大シェア・利潤、名声	市場シェア	生存利潤	利潤・名声
基本方針	全方位型	差別化	模倣	集中
ターゲット	フルカバレッジ	セミフルカバレッジ	経済性セグメント	特定セグメント
製品	中 - 高品質フルライン	リーダーとの差別化	他社以下の品質	限定ライン、中・高品質
価格	中 - 高価格	リーダーとの差別化	他社以下の価格	中価格
流通	開放チャネル	リーダーとの差別化	他社並み	特殊チャネル
プロモーション	中 - 高水準、全体訴求型	リーダーとの差別化	低プロモーション	特殊訴求

市場地位別の戦略 （図表2.10）

出典） 黒岩健一郎・水越康介：『マーケティングをつかむ【新版】』、有斐閣、2018 年の 161 頁を基に筆者作成。

場規模を保ちつつ、販路や販売促進の対象も限定的になりますが、その特定の市場だけでは擬似的なトップシェアを作り出すことを目指します。

業界の安定性と、異業種からの参入に気をつける

基本戦略は、業界におけるシェアの大きさを中心にします。業界内のシェア確定が不安定であったり、異業種からの参入があり得る場合には、シェアを考えることが難しくなるからです。

コラム2 顧客至上主義の浸透：マーケティング2.0

　セリングを不要にするマーケティングの最大の特徴は、「顧客に必要なものだけを作る」という、顧客至上主義の発想にあります。これは今でもマーケティングの根幹に位置する考え方であり、マーケティング2.0と呼ぶことができます。マーケティング2.0の時代、マーケティングは大きく発展を遂げました。

　まず、「顧客に必要なものだけを作る」には、マーケティングが取り扱う範囲を、販売する場面だけではなく、製品を企画し、製造する工程へと広げていく必要があります。こうして上流の過程すべてを取り扱うマーケティングは、やがて戦略的マーケティングの形で、企業の全社戦略としても位置づけられるようになりました。

　さらに、売れる製品を作るためには、「売れる」条件を分析する必要があります。これは、実際の顧客をできるだけ近くで観察しなければわからないことです。そのため、マーケティングは少しでも顧客に近づこうと、彼らのニーズを知る術を発展させてきました。

　大量生産・大量消費時代の到来で、顧客は生活に必要な製品をおおむね手に入れました。彼らがそれ以上に必要とするものを、多くの企業はよく理解できていませんでした。このため、マーケティング・リサーチの方法が洗練され、並行して売る方法も仕組み化されていきました。Part I のSTPやマーケティング・ミックスという考え方がはっきりとしてくるのも、マーケティング2.0の時代です。これらの仕組みは、単に企業の願望（売上の向上）を果たす道具としてではなく、人々に必要なもの（顧客の満足）を提供できる方法論として発展してきました。

Part
III

新製品・サービスの開発と価格戦略のあり方

新製品・サービスの開発に「創造技法」を活用する

マーケティング企画には、創造力が欠かせない

　マーケティングの仕事では、消費者の理解、製品コンセプトの立案、市場の分析、販売の企画など、あらゆる手順や場面で創造力が求められます。これは個人で考えるときも、チームで企画するときも同様です。

　アメリカの著名な心理学者ギルフォードは、思考の働きを認知、記憶、発散的思考、収束的思考、評価の５つに分けました。筆者(髙橋)はこれにヒントを得て、創造力発揮のために活用される技法を分類し、これらを「創造技法」と名づけました。分析した300種類のうち100技法を選び出して分類し、『創造開発技法ハンドブック』にまとめました。

創造技法は４種に分類できる

　分類はまず、ギルフォードモデルに従い、「発散技法」と「収束技法」の２分類を考えました。発散技法は発散思考で事実やアイデアを出す、収束技法は発散思考で出た事実やアイデアをまとめる技法です。

　しかし、この２つに分類できない技法群が２種類出ました。第１は、１つの技法に発散と収束の２思考が含まれるもので、これらを「統合技法」と名づけました。第２は、それ自体が問題解決にすぐ使うのではなく、「問題解決への心構え」、つまり「創造的な態度」を身につけるための技法です。これらの技法には「態度技法」とネーミングしました。

　図表3.1が、創造技法の分類と、代表的な技法をまとめたもので、この創造技法の分類法は、日本の創造性研究では定番の分類法になって

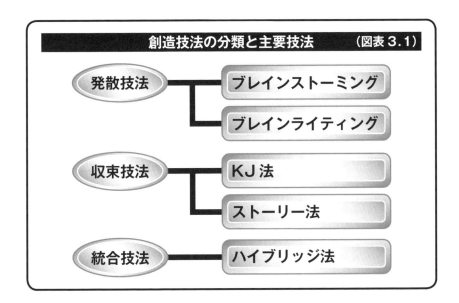

いきます。筆者（髙橋）はこれらを『新編　創造力事典』（日科技連出版社）
や、『問題解決手法の知識』（日経文庫）で詳しく解説しています。

創造技法の代表的な技法はマーケティングに活用できる

　代表的な創造技法について、紹介します。ただ、態度技法はマーケティングの技法として活用することはあまりないので、省きます。

　　① 　発散技法：最も著名な技法はブレインストーミングで、グループで自由に発想する技法です。全員が満遍なく発想する技法には、ブレインライティング法があります。

　　② 　収束技法：発想した事実やアイデアをまとめる方法の代表は、KJ法です。マーケティング企画を実施するための技法には、ストーリー法などがあります。

　　③ 　統合技法：問題解決の発散と収束の思考を含んだ技法で、ハイブリッジ法などがあります。

② 顧客の本音を「コンシューマー・インサイト」で引き出す

コンシューマー・インサイトで潜在欲求を見つけ出す

　現在の市場にないものについて、消費者に「どんな商品が欲しいですか」と聞いても、良い返事が返ってくるわけがありません。マーケティングにおいて市場調査は重要ですが、市場調査を通じて現状を把握できても、消費者の潜在的な欲求をつかむことは、かなり困難です。

　コンシューマー・インサイトは、「消費者の本音を探り出す方法」といえます。定量調査や定性調査をしても、消費者の潜在的な欲求を見つけ出すのが難しいため、この考え方が登場しました。消費者が新商品に出会ったとき、よく「これが欲しかった」という反応をしますが、その理由を探し出す方法が、コンシューマー・インサイトです。

マーケターが、コンシューマー・インサイトを行う秘訣とは何か

　コンシューマー・インサイト実施のためには、マーケターは次のようなことを意識し、行動することが大切です(**図表 3.2a**)。
　① 消費者の無意識的な言動を探る
　　消費者の本音は、言葉や行動などの意識的な言動からは、あまり探し出せません。そこで、消費者の無意識的な言動を探る必要があります。人は無意識で発言するのが 9 割以上といわれます。
　② マーケターが発想の飛躍を試みる
　　コンシューマー・インサイトのためには、マーケターに発想を思いきり広げる、思考のジャンプ力が欠かせません。

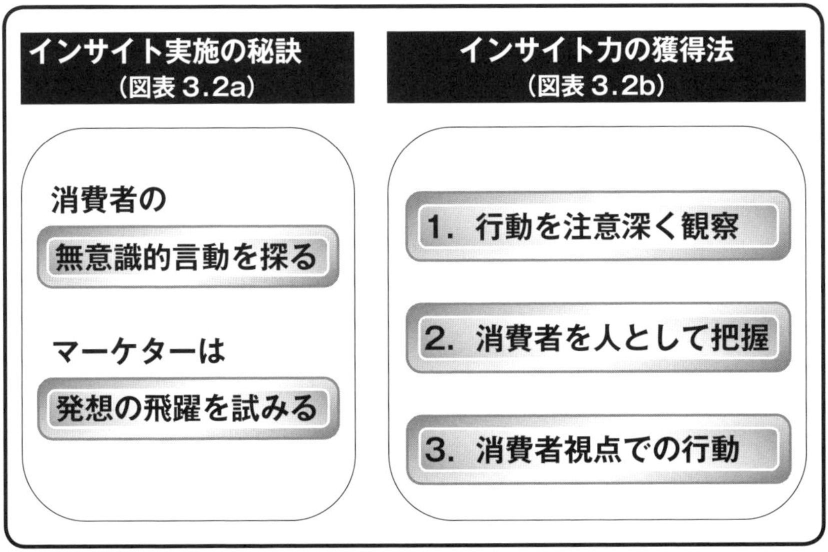

インサイト実施の秘訣
（図表 3.2a）

消費者の

無意識的言動を探る

マーケターは

発想の飛躍を試みる

インサイト力の獲得法
（図表 3.2b）

1. 行動を注意深く観察

2. 消費者を人として把握

3. 消費者視点での行動

コンシューマー・インサイト力を獲得する

インサイト力をつける生活態度は以下のとおりです（**図表 3.2b**）。

❶　人の行動を、あらゆる場面で注意深く観察する

現在のゼロックスのコピー機のスタートボタンは、緑色の大きなものです。これは文化人類学者が、使用者が小さなボタンに戸惑うのを見て、専門の観察力を活かして改善したといわれています。

❷　消費者を消費者としてではなく、人間としてとらえる

レストランで、店員が近くを通ったとき、強いタバコの臭いがしたので、以後はいっさい行かないという女性がいました。これは彼女の消費者ではなく、人間としての行動といえるでしょう。

❸　日常生活を自分ではなく「消費者ならば」と考えて行動する

成功経営者の多くは、現場主義者です。コンビニの経営者たちも店に行き、「消費者ならどうするか」の視点で観察するそうです。

新製品・サービスの発想から長期的に販売するまでの「開発プロセス」を知る

組織を巻き込んで、開発プロセスを進める

　新製品・サービスでは、初期のアイデアからSTPやマーケティング・ミックスなども考え、コンセプトに練り上げます。具体的な製品やサービスの形が見えるにつれ、開発にかかわる人々や組織の数も増えます。多くの企業では分業が確立しているため、生産部門、販売・営業部門、さらには関連業者にも話をもっていく必要があります。

　他部門と交渉しながら、自分たちのコンセプトが正しいか、市場調査や競合分析を行う必要もあります。競合相手が同じことを考えているかもしれません。同じ組織内で似た製品が作られている可能性もあります。無事に市場調査や競合分析が終わり、製造に向けて他部門との段取りもつけば、いよいよ実販売に向けて生産が始まります。新製品やサービスの開発プロセスはこれでひとまず目処が立ちます。

　以上をまとめると、まずアイデアを広く集め、そこから優れたものを抽出し、より具体的で顧客のニーズにつながるコンセプトを構築します。このコンセプトをもとに他部門と交渉を進め、コンセプトが顧客のニーズに合致するかどうか市場調査で確認します。これらの作業の後、実際に生産活動に入り、新製品やサービスを販売します（**図表3.3**）。

開発と販売が終わった後こそが、重要になる

　ただし、マーケティングとして最も大事な仕事は、新製品を開発し、販売を始めたそのときから始まります。製品の寿命を念頭に置きつつ、

新製品・サービスの開発プロセス （図表3.3）

アイデアを考える	・社会動向や自分の関心から日常的にメモする。 ・ブレインストーイングやKJ法を活用する。
コンセプトを創出する	・STPやマーケティング・ミックスを考える。 ・消費者調査や競合分析を行う。
他部門と調整する	・実際に生産に向けて調整を行う。 ・生産部門や調達部門に確認する。
生産する	・留型や工場を用意する。
販売する	・販売計画を確認する。 ・流通業者と調整する。 ・販売促進を実施する。
ロングセラーを目指す	・顧客の声をフィードバックする。 ・メンテナンスなどサービスを充実させる。

より長く顧客のニーズに応えられるように、製品をリニューアルし、改良していかなくてはならないのです。

製品を市場に投入すれば、顧客の声が企業にもたらされるようになります。それは、事前の調査とは異なり、実際にその製品を購入し、利用し、評価したうえでの声です。新製品開発においては、企業内部のさまざまな人々の協力が必要であるのみならず、顧客の存在自体も、重要な役割を果たしているといえます。

製品やサービスを市場に投入した後に、どのような活動が必要になるのかは、製品の特性やマーケティングの方針によって変わっていきます。例えば、自動車や住宅などの大型製品の場合には、否が応にも定期的なメンテナンスを続けることが、必要になってきます。企業と顧客の関係は継続的なものとならざるを得ず、当然、販売後の重要度が増していきます。

新製品・サービスが提供する機能のことを「ベネフィット」という

製品とはベネフィットの束である

　製品にはいろいろな機能があり、その機能が顧客のニーズを満たしています。顧客のニーズに対応して製品が提供する機能のことを、特に「ベネフィット」と呼びます。日本語でいえば「便益」です。したがって、製品は機能(ベネフィット)の束と、とらえられます。

　ハイチオールＣは、ビタミン剤でL-システインを含み、美肌効果とともに、今も二日酔いに対応するベネフィットも有しています。

　ベネフィットの束としての製品が顧客のニーズとうまく合致したときに、価値のある製品だと評価されます。ベネフィットとニーズの関係から、改めて、製品と顧客の関係を考えてみましょう。

　顧客は数多くいて、さまざまなニーズをもっています。製品も数多くあって、ベネフィットの束をもっています。ニーズとベネフィットの束がうまく一致すると、価値のある製品が生まれます。このように考えると、製品と顧客のニーズの関係は、顧客(誰が)、ニーズ＝ベネフィットの束(何を)、製品(どうやって)の３軸でとらえられます(**図表3.4**)。この考え方は、Part Iの技術シーズと顧客ニーズの「フィット」(4頁)という視点にもう一軸を加えるので、深みを与えてくれます。

ゼロックスのコピー機ビジネスサービスから、ベネフィットを考える

　例えば、ゼロックスのコピー機ビジネスは、企業(誰が)を相手に、コピーサービス(何を)を、コピー機(どうやって)を用いるベネフィットを

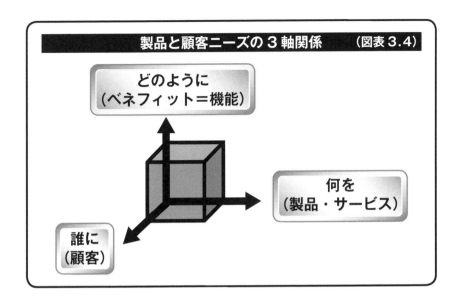

図表3.4　製品と顧客ニーズの３軸関係

どのように
（ベネフィット＝機能）

何を
（製品・サービス）

誰に
（顧客）

提供してきました。あるいは、iPhone は、先進的なユーザーに、ソリューションを、iPhone という製品やタッチパネルや通信環境といった優れた技術を使ってベネフィットを提供してきたといえます。

　図表3.4の３軸を用いれば、今提供している製品やサービスの今後の戦略を立てることができます。コピー機ビジネスなら、「誰が」を変えることで、新しい顧客にアプローチできます。「何を」を変えれば、同じ顧客に対しても新しい価値を提供できるようになるでしょう。思い切って、「どのように」(つまり製品)を変えるという選択もあり得ます。

　すべてのベネフィットを、一つの製品やサービスで提供する必要はありません。コピーサービスの例なら、カラーとモノクロを分けてもいいかもしれません。このときには、顧客となる企業が求める機能やベネフィットが異なっている可能性が考えられます。ちなみに、ベネフィットの束をまとめて実現しようとする方法を「バンドリング」といい、バラバラに提供する方法を「アンバンドリング」といいます。

5 新製品・サービスの 普及の流れを解説する 「普及理論」がある

どの段階で買ったかによって、人々のニーズは異なる

新製品やサービスは、市場に投入されてすぐ売れたり売れないと結果が出るわけではありません。購入者層を変えながらしだいに広がりを見せるかどうかが大事です。この過程は、普及理論として知られています。

普及理論は、「新製品やサービスが市場に投入されてから、どのように普及していくのか(多くの人に受け入れられるヒット商品となっていくのか)」を、釣り鐘型のグラフ(正規分布)で説明します(**図表3.5**)。

普及理論は、新製品の採用の際、異なった理由で異なった購買行動をとる複数の顧客層がいることを示しています。最初に、ごく少数の人々が新製品を採用します(イノベーター)。次に、もう少し多くの人が採用し(初期採用者)、途中から大きなボリューム層が新製品を採用して一つの流行を作り出します(前期・後期追随者)。その後は新規に採用する人々は減っていき、最後は結局、新製品を使わない人が残ります(遅滞者)。

「イノベーター」は新製品に対して強い興味をもった人々です。彼らは、新製品をいち早く手に入れられるくらい情報に非常に詳しく、新製品を使いこなす能力ももっています。いわゆるマニアやオタクと呼ばれる人たちです。イノベーターに続く「初期採用者」は、イノベーターほど新製品に対して強い執着心をもっていません。例えば、パソコンそのものが好きというよりも、それを使って仕事をすることに慣れていたり、より効率的に仕事をこなすことのできる優れた製品を求めている人々といえます。イノベーターが製品(技術)それ自体に興味のある人々だとす

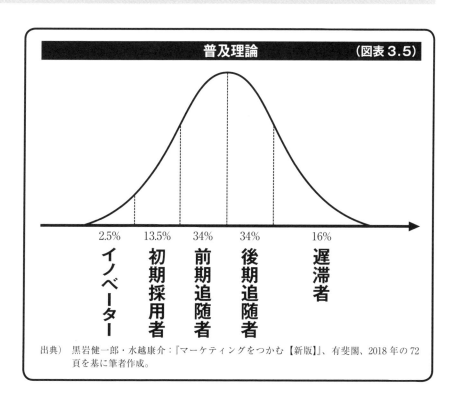

普及理論 （図表3.5）

2.5% 13.5% 34% 34% 16%

イノベーター
初期採用者
前期追随者
後期追随者
遅滞者

出典） 黒岩健一郎・水越康介：『マーケティングをつかむ【新版】』、有斐閣、2018年の72頁を基に筆者作成。

れば、初期採用者は、自身の問題解決に興味がある人々です。

初期採用者は、オピニオン・リーダーとして普及に大きな役割を果たす

　初期採用者は、新製品そのものに詳しいとは限りません。しかし、彼らは、しばしばイノベーターの行動を知ることで、新製品の採用を決めます。マニアやオタクの行動を理解できる人々というわけです。

　さらに、彼らはそうして知った情報を、周りの人々にも伝える傾向があります。彼らは、マニアの行動を理解できるだけでなく、より一般的な言葉で説明し直すことができるオピニオン・リーダーでもあります。一方イノベーターの人々は、新製品そのものに強い興味がある一方で、その情報を周囲に伝えることには、あまり興味がありません。

値決めに際しては「需要の価格弾力性」に注意する

販売では、価格と販売量の関係を考えることが大切である

　私たちは、ただ自分に必要なものを求めるだけではなく、自分に必要なものをできるだけ安い値段で求めます。特に同じ品質なら、1円でも安く買いたいと思うでしょう。とすれば、当然のことながら、売り手は値段を下げることで、より多くの販売を見込めるようになります。

　しかし、とにかく安くしただけでは赤字必至です。それなら、赤字にならなければよいかというと、そうでもありません。例えば、毎日100個売れている200円のハンバーガーを考えてみましょう。このとき、100個×200円ですから、1日の売上は2万円です。赤字にならないように値段を下げて、半額の100円にしてみます。例えばこのとき、価格を半分にしたので販売個数は倍となり、100個が200個になったとしましょう。200個×100円ということで、2万円の売上になりました。

　これはあくまで単純化したたとえですが、おかしな話です。値下げをして販売個数が増えたのに、結局、売上は変わらないからです。

　ある製品の価格を下げたとき、実際に販売個数が増えると予想される程度のことを需要の価格弾力性(**図表3.6**)と呼びます。需要は消費者側の必要度合い(例えば販売個数)です。「価格の変化に対して、販売個数がどのように変化するのか」が、問題になります。

半額にしたハンバーガーは、何倍売れたか?

　需要の価格弾力性は、製品やサービスの特性や消費者の嗜好などによ

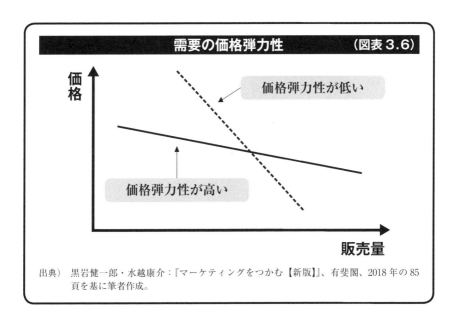

需要の価格弾力性 （図表3.6）

価格

価格弾力性が低い

価格弾力性が高い

販売量

出典） 黒岩健一郎・水越康介：『マーケティングをつかむ【新版】』、有斐閣、2018 年の 85 頁を基に筆者作成。

って大きく変動します。例えば、ハンバーガーのような代替品の多い商材は、需要の価格弾力性が高いといわれています。実際、2000 年に、マクドナルドがハンバーガーの平日半額セールを実施したときは、販売個数はそれまでの５倍近くに増えたといいます。

　これに対して、嗜好性の強い製品や、消費者がこだわりをもちやすい製品については、需要の価格弾力性が低いことが多いのです。少々価格が上がっても、消費者が強く欲しいと思っているものならば、同じように買われる傾向があるということです。

　値下げという選択肢は、企業にとって諸刃の剣です。泥沼の価格競争に巻き込まれてしまう可能性があるからです。最悪の場合、市場全体が縮小し、各社が疲弊するだけに終わります。これを避けるため、クーポンやポイントを通じた限定的な値下げ(64 頁)や、あるいは廉価版の新しい製品やサービスを検討するといった方法が、考えられてきました。

製品・サービスの「マーケットシェア」を高めて、規模感と経験値を強化する

販売量と価格は、規格と経験の経済で考える

　販売量を増やすことは、シェアを伸ばすことになります。このときには、規模の経済と経験の経済という2つの効果が期待できるようになります。2つとも、平たくいえば、少ししか作らないよりも、より多く作ったほうが原価を下げられるという考え方です。

　規模の経済で原価が下がるのは、固定費が下がるからです。固定費とは、「工場や店舗などの設備の費用」「雇用している人々の人件費」などのことです。これら固定費は、作って売れた製品やサービスの数に関係なく、同じように費用として計算しなくてはなりません。

　こうした固定費は、製品やサービスの数に応じて按分されることになります。より多く作れば作っただけ、1個当たりに割り当てられる固定費の額は小さくなります。これが規模の経済の正体です。

　さらに、より多く作ることで経験の経済も働きます。経験の経済とは、「人や組織は、より多く作れば作るほど経験を積んで、より高品質・高効率で作れるようになること」です。工場の歩留まりも改善し、材料を無駄なく完成品に仕上げていけるようになります。

　規模の経済が固定費にかかわっているのに対し、経験の経済は、変動費にかかわっています。また、規模の経済の程度は、「今、どれだけ一気にたくさん作ることができるのか」によりますが、経験の経済の場合は、「今だけではなく、これまでどれだけ作ってきたのか」という累積生産量が重要になってきます（図表3.7）。

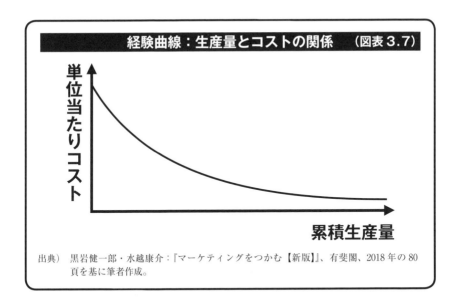

経験曲線：生産量とコストの関係　　（図表 3.7）

出典）　黒岩健一郎・水越康介：『マーケティングをつかむ【新版】』、有斐閣、2018 年の 80頁を基に筆者作成。

コスト・リーダーシップ戦略は、なぜ有効か？

　規模の経済と経験の経済。この 2 つの効果を知ることで、「値段を下げること」「販売量を増やすこと」が、とても重要な関係にあることがわかります。値段を下げれば、販売量が増えます。同時に、販売量が増えれば、規模と経験の経済により原価が下がるので、値段をより下げることができます。この戦略は、Part Ⅱの 10（42 頁）で紹介した「コスト・リーダーシップ戦略」として知られています。

　一度トップシェアをとれば、競合よりも多く販売できるので、競合よりも規模の経済と経験の経済を期待できるようになります。原価は競合よりも下がり、競合よりも低い値付けでも十分に利益が得られるようになります。価格が下がれば、もっとシェアが伸びるはずです。シェアが伸びれば販売量はさらに増え、ますますの値下げが可能となります。このようにして競争優位性が確立されるのです。

8 消費者は製品やサービスに対して「価格で価値を推定」する

製品やサービスの品質そのものは、見えにくい

　同じ500mlの水であっても、片方は100円で、もう一方は200円という場合があります。もちろん、それぞれに理由があるのでしょう。100円の水は、一般的な水道水と変わらないかもしれないし、逆に200円の水は、海外から輸入された硬水や軟水が原料かもしれません。

　ここで「そのとおりだな」と思われた方は、すでに価格の「ワナ」にはまっています。同じような製品やサービスに対して、それぞれが異なる値付けとなる、もっともらしい理由を見つけ出すわけです。一生懸命推測しても、それが事実かどうか結局わからないにもかかわらずです。

　私たちは、価格を通じて価値を推定します（図表3.8）。当たり前に思われるかもしれませんが、少しおかしな考えです。よく考えれば、「価格が高い→価値がある」ではなく、「価値がある→価格が高い」のです。

　製品やサービスの中身がはっきりしなくなればなるほど、あるいは専門的な知識を必要とするようになればなるほど、この傾向は強まります。この傾向は、決して私たちの思考に問題があるからではなく、私たちが実質的に合理的だからこそ起こります。値段という限られた情報を見るだけで、わざわざその製品の特徴を調べなくても、その製品の価値がある程度わかるというのは、一種の経験則です。

　したがって、マーケティングの観点からは、安ければ安いほどいいとはいえなくなります。安く値付けしたものは、それに見合った安物だろうと思われてしまう可能性があるからです。製品やサービスのイメージ

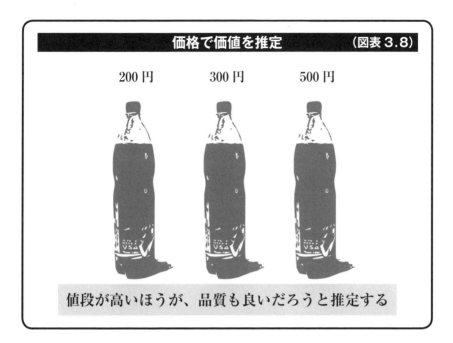

価格で価値を推定 （図表３.８）

200 円　　　　300 円　　　　500 円

値段が高いほうが、品質も良いだろうと推定する

を守るために、値付けを高く設定するという判断も重要になります。

人は買ったものや選んだものを、正当化したくなる

　類似の考え方として、心理学では認知不協和の存在が古くから指摘されてきました。必ずしも価格に限った問題ではありませんが、私たちは、自らのすでに行った意思決定を正当化する傾向があります。高い買い物をしても、すぐに反省するというわけではなく、その買い物が正しかったと考えがちだということです。

　個人に限らず、企業でも、購入してしまった製品やサービスは、その判断が正しかったと考えたいものです。その結果、自身の判断をサポートする情報ばかりを集めるようになり、自身の判断を否定するような情報が見えなくなってしまいます。購入後に関連する情報を集めても、より偏りが生じやすくなるわけです。

9 価格戦略には「経時的ディスカウンティング」と「浸透価格戦略」がある

映画は、少しずつ値段を下げて販売量を増やす

　一時期、映画はテレビに代替されるといわれて、大幅に売上を落とした時期もありましたが、今では大型のシネマコンプレックスが全国に展開されています。映画は映画として価値があり、テレビにはテレビとして価値があります。それぞれに異なったニーズが対応していますが、両者は、まったくかかわりがないわけではありません。例えば、映画館でヒットした映画作品は、時間が経つと、やがてテレビのロードショーで放映されることがしばしばあります。さらに、映画はすぐに DVD 化されたり、定額で動画配信サービス（Netflix など）で視聴ができます。

　映画館で映画を見ると、その迫力に圧倒される一方で、やはり値段は高めです。動画配信サービスなら一定の月額料金で追加費用もなく見られます。テレビのロードショーで見るのならば、無料です。価格に厳しい消費者であれば、映画の視聴を動画配信サービスあるいはテレビで放映されるまで待つということになるでしょう。なぜ、同じ映画コンテンツであるにもかかわらず、このように値段が大きく違うのでしょうか。

最初から安く売るべきか、それとも最初は高く売るべきか

　映画の価格を、最初はどうしても見たいという方をターゲットにして、少し高めの値段を設定します。次に、できれば映画を見たいという方をターゲットにして、中ぐらいの値段を設定します。最後に、どちらでもいいと思っている方をターゲットにして、低い値段を設定します。この

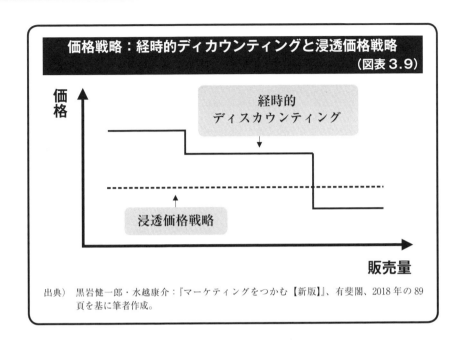

価格戦略：経時的ディカウンティングと浸透価格戦略
（図表３.９）

出典） 黒岩健一郎・水越康介：『マーケティングをつかむ【新版】』、有斐閣、2018 年の 89
頁を基に筆者作成。

ように時間の経過に応じて価格を下げる方法を「経時的ディスカウンティング」(図表3.9)と呼びます。

　アパレル製品も経時的ディスカウンティングの対象です。最初は定価で販売して、売れ残るに従ってだんだんと値段を下げていく。最後はバーゲンやアウトレットに回して、より安く提供することになります。

　逆の方法もあります。最初から低い値段をつけて、そのまま一気にシェア拡大を狙う「浸透価格戦略」です。かつて任天堂がファミリーコンピュータを販売したとき、その価格は、性能に比べて低く抑えられていたといいます。機能を絞り込み、半導体部品を大量に一括購入するという決断が可能にした価格だったわけですが、同時に、最初の価格を低く抑えることで市場へ一気に普及させることを目指しました。まずはハードウェアを普及させ、後からソフトウェアで資金を回収するという戦略性を見ることができます。

⑩ 「ポイント還元」の メリットを考える

不完全競争の市場では、価格をうまくコントロールすべきである

マーケティングでは、値付けはとても重要な問題です。しかし、価格は、一般的にコントロールできないとも考えられます。例えば、りんごを 100 円で売る商人がいれば、隣の商人は、自分のりんごを 100 円よりも安い価格で販売しようとするでしょう。当然、それを見たまた隣の商人は、さらに安い価格で販売するはずです。この競争は、理論上、りんごを売ってもまったく利益が出ない価格になるまで続き、やがて、誰もがその最も低い価格でりんごを販売することになるはずです。

これは、経済学の議論で出発点となる完全競争の考え方です。このとき、りんごの価格をコントロールすることは誰にもできません。競争という便利なメカニズムによって、価格は自動的に決定されるのです。

世の中には、完全競争に近い市場もあれば、独占的に製品やサービスが提供されている不完全競争の市場もあります。今の時代、多くの市場は不完全競争のなかで動いています。現代でも、独占市場であることはまれであるにしても、数社の大企業が市場シェアのほとんどを占有している寡占市場が目立ちます。こういった市場なら競争相手も少ないので、価格の決定権が自社にある程度残ります。このなかで価格をうまくコントロールすることが、優れたマーケティングの条件です。

ポイントを挟むことでお得感の醸成や継続購買につなげる

価格のコントロールは、単純な値付けの問題にとどまりません。例え

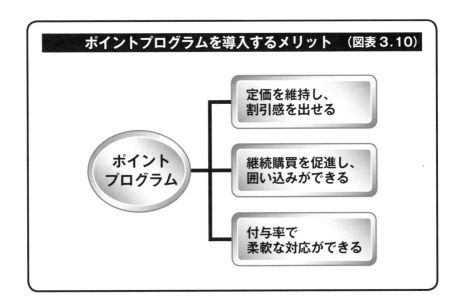

ポイントプログラムを導入するメリット （図表3.10）

ポイントプログラム
- 定価を維持し、割引感を出せる
- 継続購買を促進し、囲い込みができる
- 付与率で柔軟な対応ができる

ば、多くの家電量販店が採用しているポイント制度では、1万円の家電製品を購入したときに10%のポイント還元が行われ、そのポイントは次回の家電製品購入の際に利用できます。この場合、価格の設定は、名目的な表示価格と、実際の購買時点での価格に違いがあります。

　ポイントプログラムという複雑な手法を用いる理由は、価格に関係してさまざまな効果が期待されるからです（**図表3.10**）。ポイントプログラムを用いることによるメリットは、次のような点です。

① 名目的な表示価格を残すことによって、割引というお買い得感を顧客に提示することができます。

② 次回の購入に割引が適用されるため、顧客を囲い込めます。

③ ポイントプログラムを導入すれば、販促活動の幅が広がります。売上が思うように上がらないとき、直接的に価格を上げ下げするのはリスクを伴います。その代わりにポイントプログラムを導入すれば、ポイントの付与率を調整することで販売促進ができます。

コラム3　マーケティングの新たな側面：リレーションシップ・マーケティング

　人々の必要を知ったり、これに応えようとするためには、もっと人々に近づき、できれば友人や家族のように、共に過ごす必要があります。このような考え方がマーケティング2.0の時代に生まれました。例えば、今日でも重要な「リレーションシップ・マーケティング」や「ブランド」に、この考え方の萌芽が見られます。

　「リレーションシップ・マーケティング」では、サービス財や産業財のビジネスを念頭に、長期的な視点に立って顧客との関係性を構築する必要性が強調されます。今日では、ITの発達により、CRM（顧客関係マネジメント）といった名前で呼ばれるこうした顧客管理の仕組みは、人々の必要を知り、応えるための一つの形でしょう。

　同様に、今日のマーケティングの要となっている「ブランド」は、人々に寄り添うことで強い満足感や充足感を与えるものであり、時には擬人化されて友やパートナーにもなります。顧客の必要を知ろうとしたマーケティングは、「売れるものとは、顧客の友となれるものである」という一つの答えにたどり着きました。

　とはいえ、マーケティングには、「無理やりものを売りつける術に堕ちるリスク」が未だにあるのも事実です。顧客の必要を知るために彼らに近づこうとすればするほど、なかには強い警戒心を抱く人も出てきます。そもそも企業は顧客の友人や家族ではありません。何らかの関係をもとうとすれば「何か裏があるのではないか」と常に疑われてしまうのは仕方がないことです。しかし、これは人間関係と同じように当たり前のことなのです。

Part
IV

流通とプロモーション
を考える

1　ネット時代にも、商業は「取引総数の節約」と消費者との隔たりを埋める

問屋無用論の再来か？

　インターネットの普及に伴い、D2C（Direct to Consumer）と呼ばれる直販サイトが数多く登場しています。一方で、オフラインの既存の店舗は苦境だともいわれます。すべてがインターネット上の直販サイトになっていくのかどうかは、マーケティングにとって重要な問題です。

　オンラインショップに限らず、商業者が必要かという議論は昔からあります。1960年代には、問屋無用論や流通革命論が顕著になりました。当時、ダイエーやイトーヨーカドーといったスーパーマーケットが勢いを増し、中小の小売や卸売業者の淘汰が進むといわれました。

　商業者の存立根拠として、取引総数の節約という考え方があります。それは、なぜ商業者が存在するのかを説明する論理であるとともに、同時にできるだけ商業者の数が少ない（理想としては1人しかいない）とき、取引総数は最小化されて効率的になることを示したものです。

　今、5社のそれぞれ異なった製品を生産しているメーカーと、この5社の製品をそれぞれ必要としている5人の消費者がいるとしましょう。このとき、彼らがそれぞれに取引を行うとすれば、取引の回数は全体で $5 \times 5 = 25$ になります。ここで、1人の商業者が入り、メーカーから5つの製品を買い取り、5人の消費者に販売します。すると、取引の回数は $(5 \times 1) + (1 \times 5) = 10$ となります。全体で見た場合、取引の回数が大幅に少なくてすむわけです（**図表4.1**）。Amazonや楽天といった巨大オンラインショップの台頭は、取引総数を節約しているといえます。

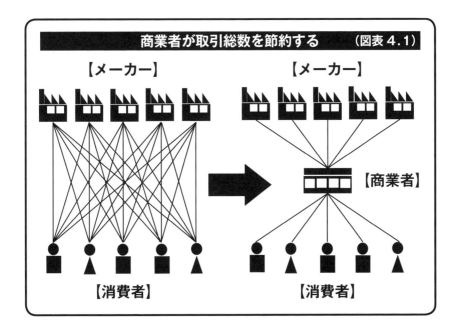

商業者が取引総数を節約する　（図表 4.1）

【メーカー】　　　　　　　　　【メーカー】

【商業者】

【消費者】　　　　　　　　　【消費者】

商業者は、メーカーと消費者の隔たりを埋める

　流通の中間に入る商業者がいなければ、メーカーと消費者だけになり、取引総数は節約できず経済はうまく回らなくなります。それは、メーカーと消費者の間には物理的にも情報的にも隔たりが存在するからです。

　例えば Apple がアメリカや中国で iPhone を生産している場合、日本に住む人々が iPhone を直接購入するには距離があります。これが物理的な隔たりです。Apple は日本まで iPhone の配送を手配できますが、その手間を商業者に任せ、開発に注力したほうが効率的でしょう。

　情報的な隔たりとは、物理的な隔たりと同様に、すべての消費者がすべてのメーカーに精通することは困難だということです。商業者は、その間に介在することによってメーカー側の販売情報と消費者側の購買情報を集約し、結びつける役割を担っています。

2 流通を「系列化」するか、それとも「製販連携」にするかを考える

KEIRETSU という仕組みから学ぼう

　パナソニックの系列店舗をパナソニックショップと呼びます。系列店舗の存在は、日本の流通の特徴的な性格だといわれてきました。英語でも通じるといわれる系列（KEIRETSU）です。

　特に有名なのは、製造業の系列でしょう。例えば、トヨタという自動車会社を中心に、トヨタに専門的に部品を供給するサプライヤーが今も数多くあります。パナソニックとパナソニックショップの関係も、基本的に同じです。

　系列の特徴は、資本関係がほとんどないということです。例えば、パナソニックショップはパナソニックの子会社ではなく独立したお店です。独立したお店が、パナソニックと専売契約のようなものを結び、あたかもパナソニックの直営店であるかのように、パナソニックの製品を専門的に取り扱うことで、パナソニックショップが誕生しました。トヨタの系列も似たようなものです。

　系列化を進めることは、メーカーにとっても、それから商業者にとってもメリットがあります。まず、メーカーにとっては、あまり投資を行うことなく、自分の製品を売ってくれるお店を増やすことができます。もちろん、商業者にとってもメリットがあります。特定のメーカーの系列になることで、そのメーカーの製品を優先的に供給してもらえます。そして、パナソニックショップのような看板を使うことができるようにもなります。

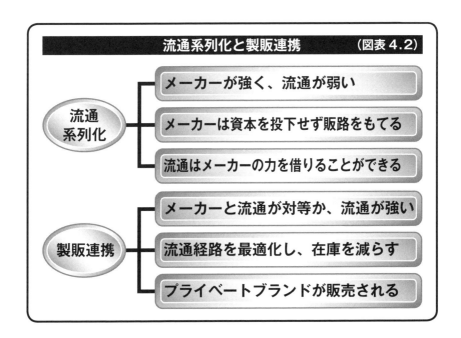

流通系列化と製販連携 （図表 4.2）

流通系列化
- メーカーが強く、流通が弱い
- メーカーは資本を投下せず販路をもてる
- 流通はメーカーの力を借りることができる

製販連携
- メーカーと流通が対等か、流通が強い
- 流通経路を最適化し、在庫を減らす
- プライベートブランドが販売される

流通が強くなれば関係は逆転する

　系列化は、基本的にはメーカー優位の関係です。現在では、小売業の大規模化が進み、イトーヨーカドーやイオン、セブンイレブンやローソンは、かつてとは比べものにならない規模を誇っています。結果、流通系列化より、製販連携や製販統合のほうが重要になっています。

　製販連携や製販統合は、大規模メーカーと大規模商業者が対等な形で手を組むことに特徴があり、流通系列化とは異なった目的があります（**図表**4.2）。まず、メーカーと商業者の間で情報を密にし、在庫管理を効率化するとともに、よりタイムリーに販売情報を生産に反映することを目指します。同時に、商業者が主導してプライベートブランドをメーカーに開発依頼するなど、メーカーと商業者の強みを生かすことによって、それぞれの競合に対する競争優位性を高めます。

③ 小売でありながら製造も行うビジネスは「SPA」と呼ばれる

製造に入り込む小売業が台頭している

　近年では、多くのアパレル製品がSPAやファストファッションと呼ばれる仕組みで、生産されるようになりました。SPA（Speciality store retailer of Private label Apparel）とは、製造小売という小売業でありながら製造も行う業態を指しており、GAPが最初にこの言葉を用いたといわれています（**図表4.3**）。

　日本では、ユニクロの成長とともに、ビジネス上の用語として認識されてきました。家具を販売するニトリや、メガネを販売するJINSもまた、自らのビジネスモデルをSPAと呼んでいます。

　かつて、ユニクロのフリースが廉価で販売されたころ、SPAは極めて生産能力に長けた仕組みであるといわれていました。その理由は、自らが生産を行うことで、実需要と生産を同期させることができると考えられたからです。実需要と生産のタイミングを同期させるということは、メーカーにとって極めて重要な課題です。

　一つの経済では、誰かによって何かが生産され、誰かがそれを消費するというプロセスを描きます。このとき、多くの場合、生産するタイミングと、消費するタイミングにはずれが生じます。ずれていても、最終的に生産されたものがすべて消費されるのならば、ひとまず在庫として取り置きしておけば特に問題ありません。しかし、ずれの存在は、生産したものが消費されないまま残るかもしれないという可能性も残します。実需要と生産のタイミングがずれている以上、実需要を予想した形で生

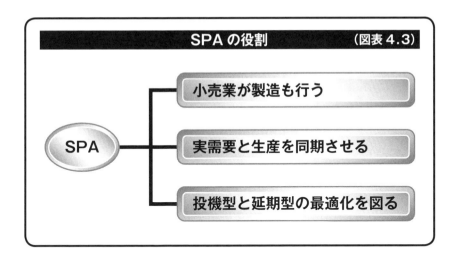

産は行われなければならないからです。売れ残った在庫は、ロスでしか
ありません。そこで、生産するタイミングと消費するタイミングをでき
るだけ同期させていく SPA が重要な意味をもつようになります。

投機型と延期型のビジネスモデルを考える

　実需要と生産量を同期させる理想的な形は、受注生産です。自動車が
欲しいという人が自動車購入の予約をしてから、その自動車を 1 台生産
します。トヨタのジャスト・イン・タイムなどは、こうした受注生産に
よる実需要と生産量の同期化を狙ったものといえるでしょう。

　しかし、受注生産は大きな課題を抱えています。代表的な問題点は、
受注生産を行うと、大量生産による規模の経済の恩恵を受けにくくなる
点です。さらに、実需があるにもかからず、製品がないという状態（欠
品）が発生しやすくなります。

　生産側としては、できるだけ規模の経済性を得るために見込み生産を
行いながら、在庫を減らすために生産工程を後ろにずらす対応もします。
このとき、前者を投機型と呼び、後者を延期型と呼びます。

規模が小さくても「商業集積」ができると顧客を吸引できる

大資本のアウトレットモールでは、商品と店舗形態を分けて考える

近年、アウトレットモールが各地に作られるようになっています。アウトレットモールとは、その名前のとおり、アウトレット（規格外商品）を販売するショッピングモールのことです。このなかには、御殿場や泉佐野のように、プレミアムアウトレットと呼ばれる高級ブランド品のアウトレットを、多く集めたモールも存在しています。

価格が安いのは、そもそもアウトレットだからです。多くの場合、規格外商品だけではなく、モードからずれてしまったアパレル商品が販売されていたり、時にはアウトレットモール専用の廉価な商品が用意されていることもあります。

アウトレットを販売するという考え方は、昔から存在していました。例えば、着物の在庫を販売するB反市があります。また、農作物などでも、規格外のサイズについては、通常とは異なるルートで販売されてきました。アウトレットモールとは、そうした販売方法の今日的な1つの形なのです。

その一方で、アウトレットモールがもう一つ特徴的であるといえるのは、数多くの店舗を計画的に集めることで、モールが成立しているということです。数多くの店舗が集まることによって、より強い集客力が期待できます。一つひとつの店舗では品揃えには限界があります。しかし、一定の店舗が集まることで、各店舗の品揃えの合計で、大きな品揃えを形成することができるからです。

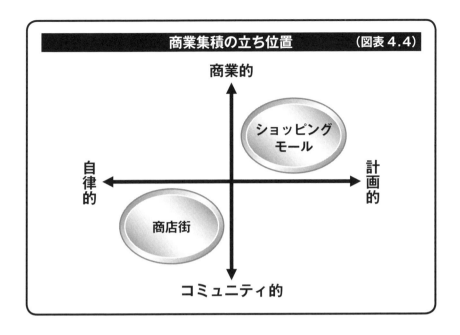

商業集積の立ち位置 （図表 4.4）

商業的

ショッピング
モール

自律的　　　　　　　　　　　計画的

商店街

コミュニティ的

中小の規模でも、商業集積を形成して集客できる

　数多くの店舗を計画的に集める手法は、大規模なショッピングモール
が典型的です(**図表4.4**)。ショッピングモールでは、アウトレット品が
並ぶわけでは必ずしもありませんが、計画的に作られた敷地に数多くの
店舗が建ち並びます。イオンモールやららぽーとなど、各地にあります。

　数多くの店舗が計画的に集められるショッピングモールは、大資本
(ディベロッパー)が計画的に統制するのに対し、商店街の多くは、中小
店主達が緩やかに連携しながらも自律的に活動する商業集積です。ショ
ッピングモールなら、人気の出ない店舗をほぼ強制的に退去させ、新し
い店舗を導入できます。しかし、商店街は、それぞれが独自に活動する
ので、商店街全体としての統制が困難です。その代わり、地域との結び
つきや、地域的なコミュニティが形成されやすくなります。

プロモーションには「広告」「販売促進」「人的販売」「パブリシティ」の4手段がある

プロモーションはマーケティングと同一視されるほど重要である

　企業が顧客とコミュニケーションをとるうえで，中心的な役割を担うのはプロモーションです。すでに見てきたように、元来マーケティングはプロモーションを要素の一つに含む幅広い活動ですが、プロモーションとマーケティングをほぼ同じものとみなすこともあります。

　プロモーションとしては、テレビCMやチラシ、ポスターの配布はもちろんのこと、インターネット上でのバナー広告や、いわゆるクチコミなどをあげることができます。これらは、大きく、広告、販売促進、人的販売、それからパブリシティに分けられます（**図表4.5**）。これらはもちろん厳密に分かれているわけではないですし、実際には組み合わせて実行されます。この組合せを、プロモーションミックスと呼びます。

広告とパブリシティの違いに、注意する

　「広告」とは、広告主が自らの企業名を明らかにし、有料のメディアを通して行われる、アイデアや製品、サービスの非人的な説得の方法です。インターネット上で問題となっていますが、ステルスマーケティングでも、本来的には広告主の企業名を明らかにしなくてはなりません。

　「販売促進」には、さまざまな形態がありますが、例えばサンプリングやクーポンが該当します。また、顧客に対する販売促進だけではなく、商業者向けにチラシを用意することや、特別陳列を準備することも販売

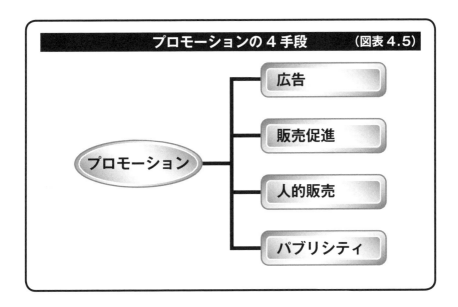

促進に含まれます。日常的に行われているキャンペーンの多くは、販売促進としてとらえることができます。

「人的販売」は、人を介した販売促進の方法です。店頭での接客や、営業活動も人的販売の一つです。特に営業活動は、製品やサービスを販売し、顧客の問題を解決するソリューション活動とともに、顧客との関係を構築し、維持するリレーションシップ活動からなっています。

「パブリシティ」は、広告主が直接行うのではなく、新聞記事や報道記事のように、第三者が主体となって製品やサービスを紹介することです。インターネット上での一般消費者によるクチコミも、パブリシティに含まれます。パブリシティは、他のプロモーションよりも評価されやすく、客観性があるように見えるため受け入れられやすい傾向があります。この傾向が、本来は広告であるにもかかわらず企業名を明らかにせず、あたかもパブリシティを装うステルスマーケティングが生まれる理由ともなっています。

6　プロモーションには「プッシュ戦略」「プル戦略」の2つの基本戦略がある

商業者に任せるか、自分で直接訴えるか考える

　メーカーの販売促進が消費者向けと商業者向けに分類できる場合、販売促進に限らず、プロモーションやマーケティング全体においても、それぞれに向けた活動を分けて考えることができます。商業者向けのマーケティング活動に重きを置くことを「プッシュ戦略」、消費者向けマーケティング活動に注力することを「プル戦略」と呼びます(**図表4.6**)。

　プッシュ戦略をとるメーカーは、商業者向けに販売促進(販売の方法を教える研修や、時には人の派遣まで)をします。営業では人的なコミュニケーションを通じたリレーションシップ活動も重要になります。

　プッシュ戦略の特徴は、メーカーが商業者と関係を深めることで、他社製品やサービスよりも自社製品やサービスを積極的に販売してくれると期待させることです。多くの場合、消費者は特定の製品やサービスを強く購入しようと思って買い物に行くのではなく、店頭での情報を参考に購入するものを決めます。「見やすい棚に置いてある」「商品説明が丁寧に書かれている」「店員が推奨してくれる」といった商業者の活動が、消費者の購買に大きく影響するのです。このとき、メーカーは商業者への利益を厚くすることで、他社との競争優位性を確立しようとします。

　一方でプル戦略の場合には、商業者ではなく、最終消費者に向けた直接的なコミュニケーションが積極的に採用されます。最も典型的なものはテレビCMです。テレビCMを見た消費者は、その内容に動機づけられて、店頭でもその製品やサービスを購入する確率が高まります。

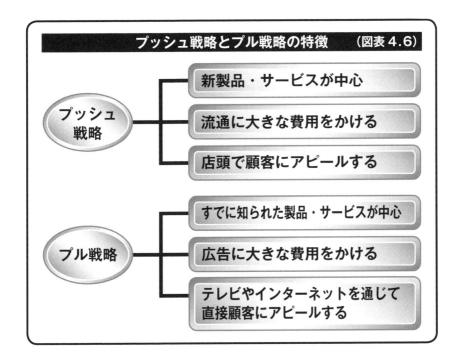

プッシュ戦略とプル戦略の特徴 （図表4.6）

プッシュ戦略
- 新製品・サービスが中心
- 流通に大きな費用をかける
- 店頭で顧客にアピールする

プル戦略
- すでに知られた製品・サービスが中心
- 広告に大きな費用をかける
- テレビやインターネットを通じて直接顧客にアピールする

　プル戦略の特徴は、直接消費者に製品やサービスを訴求して消費者に店頭で指名買いに近い形で選んでもらうことです。消費者が機能をよく知る製品なら、わざわざ店頭で情報を集めなくてもよいので、プル戦略で消費者の頭の中に製品やサービスのイメージをつくるとよいのです。

状況に応じて、どちらがいいかを選ぶ

　プリンター業界ならキヤノンはプル戦略、ブラザーはプッシュ戦略といえます。キヤノンのテレビ広告を見て、キヤノンのプリンターを購入しようと家電量販店に行くと、店舗の従業員から「ほぼ同じ機能のプリンターが、少し安い値段でブラザーから売っていますよ」とブラザーのプリンターを推奨されたりします。もちろん、実際には、どちらか一方の理由だけで購入せず、総合的に判断する、バランスが重要です。

複数のメディアを 組み合わせる方法を 「メディア・ミックス」と呼ぶ

インターネットが伝統の4媒体を追い抜く

　メディアは、長らく4媒体といわれてきました。テレビ、ラジオ、新聞、雑誌です(場合によっては、これにダイレクトメールや屋外広告を入れることもあります)。ところが、インターネットという新しいメディアが登場して以降、メディアは5媒体として考えられるとともに、インターネットの比重が急激に伸びてきました。2019年にはついにテレビを追い抜き、最も大きな広告媒体となっています。

　こういった状況では、現在はまさにインターネット広告の時代だと考えるのは当たり前のことです。もちろん、通常はインターネットだけで広告するわけではありません。企業は、これら複数メディアをうまく組み合わせればいいのです。メディア・ミックス(**図表4.7**)や、あるいはクロスメディアと呼ばれる考え方は、まさにこうした多くのメディアをうまく組み合わせることを一つの目的としています。

　ただ一方で、「メディアの数が増えたから、その組合せが大事になっている」と考えるだけでは、インターネット広告の意味を取り損ねています。メディアの数が増えても、例えばテレビCMの効果が以前と同じように大きければ、テレビCMだけを利用すればいいはずです。

　しかし、インターネットを軸にしたクロスメディアという言葉が大変注目されてきました。伝統的なメディアの力が、昔ほど強力ではなくなり、インターネットがすべてのメディアの特徴を束ねる時代になったのです。

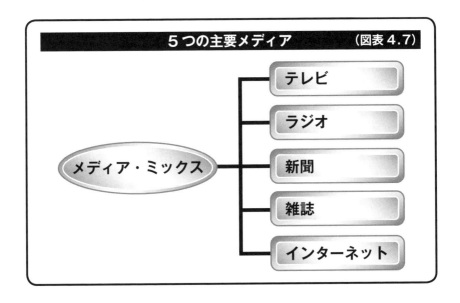

メディア融合は、インターネットを中心に起こる

　雑誌記事や新聞記事もインターネット上で読むことができます。インターネットラジオも存在しています。YouTube が勢いを増し、若い人々はテレビよりも YouTuber の影響を受けるようになっています。これまで分れていた各メディアが、インターネット上ですべて再現されており、そのうえで個別のメディアと結びついています。

　テレビを見て、インターネットを見る。インターネットを見て、テレビや雑誌を見る。こうした流れは今ではとても自然です。メディア・ミックスやクロスメディアという場合には、こうした流れを意識する必要があります。

　インターネットは現在進行形で大きな変化を続けており、他のメディアと縦横無尽につながる性質を有する巨大なメディアになりました。メディアミックスは今やインターネットを中心に行われるといえます。

8　マスコミの主要な効果には、論点を絞り込ませる「アジェンダ設定効果」がある

弾丸理論から限定効果論へと、考え方は変化した

　マス・コミュニケーション論は、戦時中のプロパガンダ（政府の宣伝）研究などから始まったといわれます。当時普及しつつあったラジオや映画といったマス・コミュニケーションを可能にするメディアの存在は、為政者にとって極めて興味深いものでした。特に兵士を鼓舞し、兵士の士気を高めるに当たって、これらは大変魅力的なツールでした。

　当初、ラジオや映画といったマス・メディアの力は、士気の高揚や世論形成にとって、とても大きいものだと考えられていました。こうした初期の考え方を、強力効果論や弾丸理論と呼びます。当時は、送り手から発信された情報が、受け手を弾丸のように打ち抜き、直ちに影響を与えると考えられたからです。

　しかし、時代を経るなかでマス・メディアが一般化していくと、マス・メディアの力はあくまで限定的なものであると、考えられるようになっていきました。総じて限定効果論と呼ばれるこの考え方は、今でも基本的な考え方として続いています（図表4.8）。

限定効果論では人々の意識を涵養し、アジェンダを定める

　限定効果論は、決してマス・コミュニケーションの力が弱いということを、主張しているわけではありません。例えば、アジェンダ設定効果と呼ばれるものがあります。マス・コミュニケーションは、聞き手の考え方や賛成・反対といった意見にまで影響を及ぼすことは少ないが、今

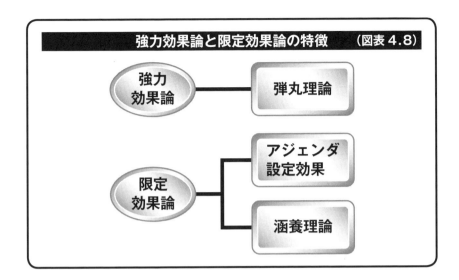

何を考えるべきなのか、すなわちアジェンダは何であるのを決める力があるというわけです。

　最もわかりやすい例は選挙です。かつて、郵政選挙と呼ばれる総選挙がありました。郵政事業の民営化に賛成か反対かという二者択一を問うた選挙だったわけですが、考えてみれば、総選挙である以上、もっとさまざまな論点があったはずでした。例えば、経済問題、教育問題、あるいは政治とカネの問題などです。しかし、当時のマス・コミュニケーションの力は、こうしたさまざまな選択肢の存在をかき消してしまい、郵政問題を大きなアジェンダとして構築しました。

　こうしたマス・メディアの効果に関する理論には、他にも涵養理論として知られているものがあります。涵養理論では、長期間マス・コミュニケーションに触れ続けていると、消費者はいつの間にか影響を受けるようになると考えます。短期的にアジェンダを設定されるだけでなく、長期的な影響のなかで、あたかもマス・コミュニケーションから提供される情報が、世界のすべてであるように見えてきてしまうのです。

9 広告活動ではメディアと「メッセージ」の効果的な組合せが大切である

広告活動では、何を伝えるのかを常に考えることが重要である

　メディアとして何を選択し、どう組み合わせるのか。このテーマは、メディア・ミックスやクロスメディアとして重要です。しかし、同時に忘れてはならないことは、そのメディアにどういうメッセージを乗せるのかということです。広告活動は、メディアとメッセージの選択から考えることができます。

　メディアは、メッセージを伝えるための器です。いかに多くのメディアを用意しようとも、中身となるメッセージが優れたものでなければ、広告活動は効果を上げることができません。

広告で伝えるべきメッセージは、歴史とともに変化する

　メッセージを考えるうえで参考になるのは、コカ・コーラの事例です（図表4.9）。コカ・コーラは誰もが知る炭酸飲料です。その広告活動は、当然コカ・コーラについて語ることを目的としています。しかし、大事なことは、コカ・コーラについて何を語るのかということです。

　1886年に販売が始まったコカ・コーラは、当初は「おいしく、さわやか」というメッセージをスローガンに採用していました。これは、コカ・コーラという炭酸飲料にとって、もっともストレートな表現でした。その後、コカ・コーラは、販売範囲を広げるに伴い、メッセージを徐々に変えていきます。例えば、20世紀初頭には、「試合の合間にコカ・コーラを飲むといつも生き返る」というスローガンを採用しました。

コカ・コーラのメッセージの変遷　　（図表4.9）

1886年「おいしく、さわやか」
1886年「すばらしいコカの葉と、有名なコラの実の成分が入っている」
1899年「心身の疲れを癒し、頭痛を治す」
1905年「試合の合間にコカ・コーラを飲むといつも生き返る」
1907年「ショッピングする人の万能薬」
1929年「さわやかな憩いのひととき」
1955年「ほとんどみんな最高のものが好き」
1963年「コークを飲むと、もっといい」
1971年「フレンドリー・フィーリング、世界は一つ」
1984年「Coke is it」
2003年「No Reason Coca-Cola」
2006年「Coke Side of Life」（Cokeのきいた人生を）
2009年「Open Happiness」（ハッピーをあけよう。）
2016年「Taste the Feeling」（味わおう、はじけるおいしさを）

　1963年の「コークを飲むと、もっといい」というスローガンで注目すべきは、「もっと」という比較の言葉です。何に対してもっとなのでしょうか。明示されてはいませんが、これは当時のペプシとの競争激化を背景にした、競合よりも「もっと」おいしい、というメッセージになります。

　極めつきの興味深いスローガンは、1984年の「Coke is it」や、2003年の「No Reason Coca-Cola」です。もはやこれらのメッセージは、特定の状況を主張していません。「何の修飾も何の理由もいらない、コカ・コーラがあるということ、それだけで十分だ」というわけです。長年繰り返し、さまざまなメッセージを提供してきたからこそできる、究極的なメッセージだといえます。もし、このメッセージを顧客が受け取ってくれれば、コカ・コーラはどんな競合にも負けないでしょう。コカ・コーラという選択には、議論の余地がないことになるからです。

⑩ 営業活動の主流は「属人型営業」から「組織型営業」に変わってきた

営業には、ソリューション活動とリレーションシップ活動がある

　営業活動はプロモーションの大きな柱です。テレビ CM よりも、パンフレットよりも、直接出向いて顧客に製品やサービスの良さを伝えるほうが、やはり効果的です。マーケティングとは区別されることも多い営業活動ですが、その活動はマーケティングの目的と重なるところが多くあります。産業財の場合などは、営業が花形部門だという企業も少なくはないでしょう。

　営業の役割は、ソリューション活動とリレーションシップ活動の2活動として、とらえることができます（図表 4.10）。

　ソリューション活動とは、製品やサービスを売ることです。さらに、企業によっては、顧客と直接会う営業マンは、顧客からの情報を集める基点でもあると考えられています。現場からの声を大事にするという企業は、営業マンを大事にしていることがあります。

　リレーションシップ活動としては、営業マンには顧客との関係を構築・維持するという重要な役割があります。特に売るものがなかったり、特に重要な情報が得られなくても、いつか実を結ぶときのために関係を保つことが、営業マンには求められます。

営業をプロセスで区切って組織として管理する

　こうした営業の活動は、しばしば個人のスキルに依存し、属人型営業と呼ばれます。属人型営業には、組織としてさまざまな課題があります。

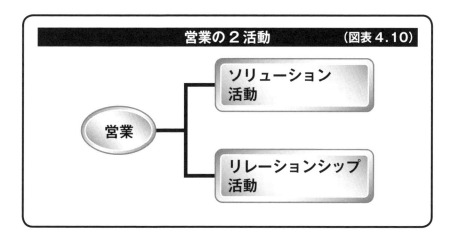

例えば、カリスマ営業マンだけを優遇すると、ノウハウが個人にだけ蓄積される状況を認めることにつながり、組織全体として能力を引き上げることが難しくなります。また、営業マンと顧客の関係が強くなるために、何か問題が起きたときなど、組織自体やマネジャーが営業マンと顧客の関係に割って入ることが困難です。

近年では、属人型営業に代わり組織型営業と呼ばれる、集団でチームを組みながら営業活動を進めていく方法も広まっています。活動の多くを分業することで効率化を図るとともに、活動間の調整をマネジャーが行うことを通じて、チームメンバーの知識やノウハウを組織の側に還元していくことができるようになります。

組織型営業を実施する際には、営業をプロセスごとに区切って管理します。すなわち、営業活動の重要な局面ごとに分割したうえで、それぞれを個別に組織化・チーム化し、それぞれの専門に任せます。こうすることで、それぞれ専門の担当ごとにカリスマ営業マンが登場するかもしれませんが、彼らの活動も部門長などがマネジメントできる範囲に収まることになります。

ともあれ営業活動は、企業のマーケティング活動に欠かせません。

コラム4　顧客から社会へ：マーケティング3.0

コラム1～3のとおり、マーケティングは、人々が必要とするものを作る術となることで発展してきました。作ったものを売る術から売れるものを作る術となるなかで、マーケティングは製造工程にも範囲を広げ、戦略的マーケティングとして企業全体が取り組むべき活動になっていきました。これと同時に、できるだけ人々に近づこうと、リサーチやアプローチの手法も整えていきました。さらに、友人や家族にもなろうとして、関係性の構築やブランドという考え方を、発展させるようにもなりました。

さて、今まで「人々」という単語を当然のように使ってきました。これは「顧客」と同じ意味ですが、もっと具体的な内容はどうなるのでしょうか。

マーケティングがもともと想定していた「人々」とは、特定の消費者や取引相手としての顧客のことでした。特定の市場だけを考えてしまうと、「人々」の範囲は市場の関係者に限られます。しかし、「人々」という以上、例えば、社会全体、世界全体のことを考えることもできます。こうして「人々」の範囲を広げて誕生したのが、「ソーシャル・マーケティング」「公共・非営利組織のマーケティング」として議論される、新しい分野になります。

社会に対するマーケティングで一番重要なのは、「社会の必要を知り、その必要に応えること」です。ここでは、ものを売る必要はもうありません。こうして、マーケティングは、市場化（market＋ing）という自らの言葉の出自を乗り越えていきました。マーケティング3.0の時代の到来です。

Part
V

消費者との
コミュニケーションの
深め方

消費者が何を買うか決める 「購買意思決定」の仕組みを 知ることが欠かせない

購買意思決定モデルは、大きく2つに分かれる

　どの製品やサービスを購入するか決めることを、購買意思決定といいます。例えば、自動販売機の前に立って何か飲み物を購入しようという場合、私たちはさまざまなことを考えながら、あるいは逆に明確には考えないまま、一つの飲み物を選び出すことになります。

　消費者行動研究の視点からは、大きく2つのタイプの購買意思決定モデルが考えられます（**図表5.1**）。一つ目は「刺激-反応モデル」と呼ばれる考え方で、人は外部から刺激を与えると、何らかの反応を返す存在だと考えられます。単純化すると、数多くのテレビCMを刺激として提供すれば、人々はその刺激に対して一定の反応パターンをとるようになります。

　刺激-反応モデルでは、消費者は受動的に購買意思決定を行っているように見えます。これに対し、消費者の能動的な側面に注目する「消費者情報処理モデル」が、もう一つの代表的なモデルです。例えば、パソコン好きの人々ならパソコンに関する刺激が外部からなくても、自分から率先して情報を収集・分析し、独自の購買意思決定を行うはずです。

　刺激-反応モデルでは、消費者の購買意思決定は、外部から与えられる刺激によって決定されると考えます。これに対して消費者情報処理モデルでは、消費者の購買意思決定は、自らの情報処理能力によって決まると考えます。テレビCMも、私たちは興味のあるものしか見ようとしないので、消費者は少なからず能動的だと考えたほうがよさそうです。

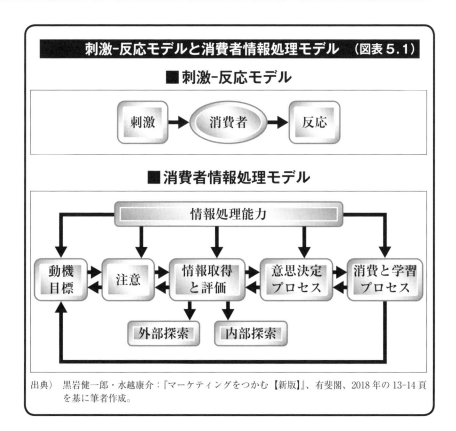

出典) 黒岩健一郎・水越康介：『マーケティングをつかむ【新版】』、有斐閣、2018 年の 13-14 頁を基に筆者作成。

人は、能動的に情報を取得し、カテゴリー化する

　消費者情報処理モデルでは、消費者は、購買に関して最初にもった動機や目標に従って、特定の製品やサービスに注目し、必要な情報を収集（自分の記憶を探ることや外部で情報を収集）し、そうした情報の分析を通じて、購買意思決定を行います。その結果は学習を通じてフィードバックされ、次回の購買意思決定に利用されます。

　こうした情報は、知識や知識カテゴリーと呼ばれます。マーケティングは、動機や目標はもちろん、知識や知識カテゴリーにも働きかけます。

2 消費者の興味により関与には「購買関与」と「製品関与」の2つがある

人は、いつも合理的に判断するわけではない

先の「消費者情報処理モデル」では、消費者自身の情報処理能力に応じて、情報の収集や分析の内容が変化します。このとき、考えるべき概念に「関与」があります。関与概念では、ティッシュと自動車では購買意思決定の方法が異なる理由を、関与の高さという形で説明します。

消費者情報処理モデルは、優れて分析的なモデルです。その名前のとおり、消費者をコンピュータの一種と見ています。しかし、人はコンピュータほど合理的な意思決定はできず、する必要もありません。

ここで、消費者情報処理モデルを発展的に補完する「精緻化見込みモデル」(図表5.2)を考えることができます。精緻化見込みモデルでは、消費者がしっかりと分析する場合と、比較的安易に意思決定を行う2パターンが併存しています。そして、2つのパターンの一方を選択する場面では、関与の高さに注目します。

関与の高さとは、「その製品やサービスの購買についての興味の程度」を意味します。ティッシュを買う場合と、自動車を買う場合では、当然後者のほうが真剣に検討するでしょう。このとき、ティッシュの購買については関与が低く、自動車の場合には関与が高いというわけです。この結果、ティッシュの購買に関しては、周辺的(感情的)処理と呼ばれる簡易な形で意思決定が行われます。これに対して、自動車の購買の場合には、中心的(認知的)処理と呼ばれる、消費者情報処理モデルが最初に想定していた形で、意思決定が行われます。

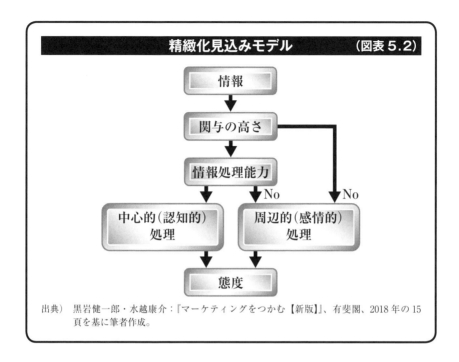

精緻化見込みモデル （図表5.2）

情報

↓

関与の高さ

↓

情報処理能力

中心的（認知的）処理　　周辺的（感情的）処理

↓

態度

出典）　黒岩健一郎・水越康介：『マーケティングをつかむ【新版】』、有斐閣、2018年の15頁を基に筆者作成。

買わなくても興味をもつのは、製品関与である

　関与概念は極めて複雑な概念で、さまざまなタイプがあります。これらのなかに、購買関与と製品関与があります。購買関与とは、購買時に生じる関与です。これに対して製品関与とは、購買にかかわらない製品への関与です。これらの区分は、情報探索を行うタイミングや内容に影響を与えます。購買関与が高い場合は、購買する必要があるときに初めて情報探索をします。一方、製品関与が高い場合は、製品自体に興味があるので、購買の有無にかかわらず、日常的に情報探索を行います。

　製品関与が高い人は、多くの情報を日常的に集めているので、自分の購買意思決定のみならず、他人の購買意思決定にも影響を与えます。後述するオピニオンリーダーに近い存在だといえます。

消費者の購買に強い影響力をもつのが「オピニオンリーダー」である

購買意思決定では、他人の影響も受ける

特定の製品やサービスに関して、他人の購買意思決定に強い影響力をもっている人々を、「オピニオンリーダー」と呼ぶことがあります。普及理論で紹介したとおり、彼らの存在は重要です。類似した用語はさまざまあり、例えば情報を多くの人に広めるインフルエンサーとか、特定の製品やサービスだけではなく、広範な情報をもつマーケット・メイブンと呼ばれる人々も、実質的に同じタイプです。

オピニオンリーダーの存在は、私たちの購買意思決定は自身による判断だけでなく、他者からの影響を受けて成り立っていることを示しています。特に後者の存在については、特定の人だけでなく、準拠集団による影響を考える必要があります。準拠集団とは、その人が関係している特定の集団であり、学生であれば彼らが所属する学校やサークル、社会人であれば会社や会社内の特定の部署などのことです。

準拠集団は、消費パターンが同質化する傾向があります。例えば、大学生は大学生なり、高校生は高校生なりの服装や恰好をしています。ただし、いかに私たちが特定の準拠集団に所属しているとしても、当の準拠集団に所属するすべての人々から、均等に影響を受けるわけではありません。そのなかには、オピニオンリーダーと呼ばれるような、特に影響力の強い人が存在します。

インターネット時代では、準拠集団やオニピオンリーダーは、実在の人々に限りません。一度も会ったことのない人や、あるいは実在するか

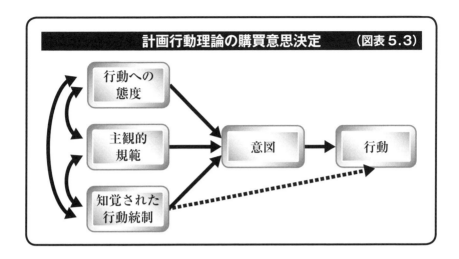

どうかわからない人々でさえも、私たちが興味をもてば、影響を受けることになります。

自分の態度と他者の影響で、購買意思決定がされる

　計画行動理論では、購買意思決定は自分の「行動への態度」と、他者の影響をどの程度強く見積もるのかという、「主観的規範」によって決まります（図表5.3）。

　実際には、この2つの要素に加えて、その製品やサービスが利用可能かを判断する「知覚された行動統制」が重要です。あまりに値段が高すぎると感じれば、買いたくても買えません。

　このモデルから、購買意思決定を促進するために何をすべきかを読み取ることができます。第一に、「その製品やサービスが個人的な必要だけで購入されるものなのか」「他者の影響を受けやすいものなのか」を確認します。そのうえで、影響が強いと思われる要因に焦点を当て、マーケティングの施策を組み上げます。そして最後に、利用可能性を高め、想定する消費者が実際に購入し、利用しやすい環境を作り上げます。

メディア情報は、直接に消費者に流れず「情報の2段階流れ」をとる

情報は、2段階で流れていく

　オピニオンリーダーの存在は、マーケティング研究だけでなくマスコミ研究のなかでも考察されてきました。テレビやラジオによって提供される情報は、直接すべての人々に到達するわけではなく、ごく少数のオピニオンリーダーを介して、多くの人々に伝達されます。このことを「情報の2段階流れ仮説」（**図表5.4**）と呼びます。

　準拠集団や情報の2段階流れ仮説は、マーケティング活動にとっても重要です。マーケティング活動を効果的に実行するには、情報の伝播に際して要となるオピニオンリーダーを発見したうえで、彼らへのアクセスが重要になるからです。逆に言えば、すべての人に均等にアクセスしようと試みることは、むしろ非効率といえます。

　問題は、誰がオピニオンリーダーかです。周りを注意深く見回せば、オピニオンリーダー的な人々を発見できるかもしれません。従来の研究では、オピニオンリーダーと呼ばれる人々は、行動特性として、社交的、活動的、革新的で自信に満ちているといいます。一方で、デモグラフィック上の特徴ははっきりせず、男性や女性、年齢で区分はできません。さらに、当然ですが、彼らはオリジナルとなる情報の発信源であるメディアへの関与や、接触頻度が高いはずです。これらの特徴をもとに、質問票で調べることができるかもしれません。

　オピニオンリーダーを探すということは、オピニオンリーダーの資質を明らかにすることです。この試みはとても意味のあるものですが、オ

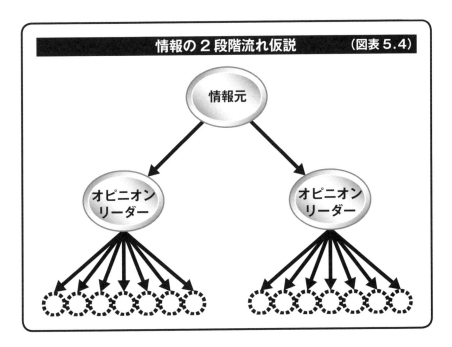

ピニオンリーダーとは個人の資質の問題ではなく、張り巡らされたネットワークの構造が決めるともいわれています。オピニオンリーダーを探すうえで、この視点は欠かすことができません。

インターネット空間のどこでバズるのかの予想は、難しい

　誰もがオピニオンリーダーとなり、情報を拡散する存在になり得るということは、インターネット空間で見てとれます。Instagram やTwitter 上で突然のように何かがバズるとき、投稿者だけではなく、その投稿を拡散する人々も必ず存在しています。彼らは、多くのフォロワーをもっている場合もありますが、そうではない場合もあります。

　後から見れば、どこから多く拡散したのか、どのような2段階を経たのかを知ることはできますが、それを特定のユーザーの資質としてとらえ、次も同じユーザーから拡散することを予想するのは困難です。

5 「マズローの欲求5段階説」をアップデートする

欲求は階層化されている

アブラハム・マズローは、欲求を5段階に階層化して提示しました（**図表5.5**）。マズローによれば、欲求はただ際限なく広がっているわけではなく、その重要性に応じて階層化されており、下位の欲求が満たされることではじめて、上位の欲求が新たに生じるといいます。マーケティングが追い求める顧客のニーズとは、こうした欲求を基礎に置くものと考えられます。

5段階に階層化される欲求において、最も基礎となる欲求は「生理的欲求」です。空気・水・食料などへの、人が生存するためにそもそも必要となる物資への欲求が該当します。

生理的欲求が満たされると、2段階目の「安全欲求」が生じます。これは生理的欲求と結びつきます。空気・水・食料がより安全なものでなければ、長くは生き続けられません。生理的欲求と安全欲求は、どちらかというと人が生きていくうえで必要になる、最低限の欲求です。

こうした低次の欲求が満たされることで、より社会的な欲求が芽生えてきます。一人で孤独に生きるのではなく、社会において生きたい、愛されたいという「所属欲求」です。

次に、ただ社会において生きたいのではなく、その社会において尊厳をもって認められたいという「尊敬欲求」が続きます。

そして最後が、そうした社会において自らが求める道を追求していきたいという「自己実現欲求」です。

出典）黒岩健一郎・水越康介：『マーケティングをつかむ【新版】』、有斐閣、2018年の24-25頁を基に筆者作成。

消費社会では、階層性はますます複雑化する

　当然、これらは一般論です。欧米諸国とは異なり、日本をはじめとする集団主義の強い文化圏では、自己実現欲求はあまり強くなく、所属欲求や尊敬欲求のほうが高い次元として認識されます。また、5つの欲求に限らず、好奇心の充足を目指す「認知的欲求」や、美しいものを求める「審美的欲求」も重要です。

　さらに、消費社会と呼ばれる今日では、自己実現を含む高次の欲求までおおむね満たされてしまい、欲求が階層性を失ってしまう状況も起きています。わかりやすい事例は、グルメやダイエットです。本来であれば最初にくる生理的欲求に対して、グルメやダイエットはおおむねすべての欲求が満たされた後で、再び欲求が生じているわけです。より良いものを食べたいというグルメはまだ理解できますが、よりやせたい、より食べないようにしたい欲求になると、生理的欲求とは大変矛盾して複雑だといえます。

　このように、現代人の欲求構造は大変複雑なものといえます。

6 人は「顕示的消費」や「快楽的消費」を行う

なぜ、人は消費をするのか

　消費するという行為は、欲求階層説から見ても複雑です。何かを必要とする状態は、顧客にとっても、実はそれほど当たり前でもなければ、必然でもない可能性が常にあるのです（コラム1を参照のこと）。

　考えてみれば、マーケティングという考え方自体が、昔はありませんでした。マーケティングは、20世紀前後に消費社会を実現したアメリカを中心にして生まれた、新しい考え方です。

　古典派経済学は、基本的に消費には注目してきませんでした。理由は簡単です。食べなければ死んでしまう状態が当たり前だったからです。当時の問題は、そのようにして死んでしまう人々を、いかにして救うのかということでした。いかにして富の分配を平等にするのか、あるいは生産量そのものを向上させるのか。これこそが問題の焦点でした。要するに、絶対的に供給不足だったわけです。

　産業革命を通じて発展した工業により生産量は爆発的に増大し、絶対的な供給不足が解決されていきました。ここに至り、取り扱う問題の重点が、生産や分配から消費へと移っていきます。つまり、今度は需要不足が問題となったのです。

　消費社会はモノ余り時代に特有の社会です。消費者の基本的な欲求はおおむね満たされています。しかし、常に不満を抱えているのが消費者です。そのうえ、彼ら自身、何に不満をあるのかをわかっていないことが往々にあります。

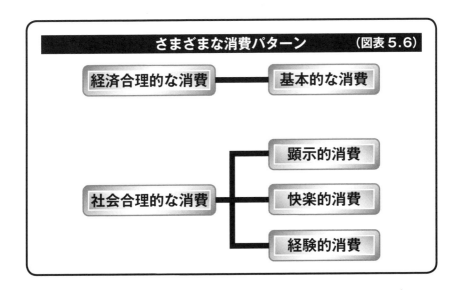

他人の影響を受けて、消費される理由は定まっていく

　少なくとも、人は動物的な意味で製品やサービスを消費するわけではありません。むしろ、人としてのルールや社会の制約のなかで消費しています。わかりやすい例は、見せびらかしでしょう。経済学者ウェブレンによる顕示的消費と呼ばれる考え方によれば、人が消費する理由は他人に自らの力や地位を顕示するためだといいます。有閑階級は、余暇を楽しむことを通じて、働かなくてもよい身分だと主張しているわけです。有閑階級に限らず、一般の人々にとっても、準拠集団と同じように他者の影響は重要です。

　また、快楽的消費や経験的消費と呼ばれる考え方は、消費行為それ自体が一つの目的であることを強調します。つまり、消費行為には何か目的があるというわけではなく、消費行為それ自体が、一つの目的だと考えるのです。この場合には、生きるためではなく、食べること自体が究極的な目的となります(**図表**5.6)。

AIDMA は、広告受容モデルの古典モデルである

　広告論で古くから用いられてきたモデルの一つに、AIDMA モデル（アイドマ）（**図表 5.7**）があります。消費者行動における刺激-反応や情報処理モデルに似た AIDMA は、人々の広告受容のプロセスを示しています。

　AIDMA は、モデルを構成する各プロセスの頭文字を並べた名称です。まず、広告に対して、受け手の注意（Attention）がひきつけられます。この次に、ある程度の受け手が広告の内容に興味（Interest）をもちます。内容を理解した受け手の一定数は、製品購買に関する欲望（Desire）をもちます。こうしてもたれた欲望は一定期間記憶（Memory）され、最後に、実際の購買行動（Action）に至るというわけです。

　とてもシンプルなモデルなので、AIDMA をもとにいろいろなモデルが提案されてきました。特に効果測定の観点からよく知られているのは、DAGMAR（Defining Advertising Goals for Measured Advertising Result）モデルです。大きな流れは AIDMA に類似しており、未知→認知→理解→確信→行為へと段階が進んでいきます。DAGMAR の最大の特徴は、その名称のとおり、広告の成果を測定するために、事前の目標設定を重視する点にあります。「どの段階に影響を与えたくて広告活動を行うのか」「そのためには何をする必要があるのか」「成果は何か」を考えるわけです。

　AIDMA や DAGMAR は、基本的にテレビを中心としたマス広告に、はまりがいいモデルです。自宅でテレビ CM を見ることで購買意欲を

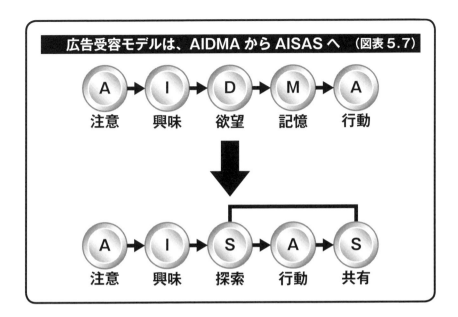

掻き立てられ、その意欲が記憶されたり確信として持続することで、最終的な購買に至ります。しかし、インターネットという新しいメディアの登場で、こうしたマス広告向けのモデルも変わりつつあるといえます。

AISAS が、インターネット時代の広告受容モデルである

　今日よく知られるのは、電通によって提案された AISAS モデルでしょう。AISAS は、インターネット時代に対応した広告の受容モデルを提示しています。注意を払い、興味をもつという点（AI）までは基本的に変わりませんが、その後、消費者はインターネットの情報を中心に探索（Search）を行い、そして行動（Action）に移し、最後に購買情報や使用情報を、インターネット上で共有（Share）するというのです。

　共有された情報は探索対象になるとともに、さらに注意を引き起こすきっかけとしても機能するようになります。AISAS モデルではネットワーク的な広がりのなかで、広告が機能することが強調されています。

8 「タッチポイント」や「カスタマージャーニー」を考える

顧客との接点を増やし、コミュニケーションする

AIDMA や AISAS と、Part Ⅳで紹介した5媒体のメディア（80頁）を組み合わせることによって、顧客の状況に応じて複数のメディアを配置するプランを立てられるようになります。顧客は、ただテレビを見るだけではなく、日常の生活において街を歩き、電車にも乗り、友人とも話します。これらすべてが情報との接点です。つまり、企業と顧客とのコミュニケーションが生じる「タッチポイント」になるのです。

タッチポイントは、今日では現実の世界だけに限りません。インターネット空間でも、顧客はさまざまな場所へ出かけていきます。ネットサーフィンをしつつ、製品やサービスを利用（オンラインショップで注文したり、サービスに課金）できます。こうした消費の実態から、タッチポイントは「カスタマージャーニー」とも称されるようになってきました。

例えば食べログを考えた場合、インターネット上で顧客はお店を気軽に探索して予約します。さらには実際に行った後のクチコミ情報の書き込みさえ、当たり前のように引き受けています。このように、インターネット上のビジネスでは、カスタマージャーニーの重要な部分を自ら取り入れることで、消費者への影響力を高めていることがわかります。

マーケティング・オートメーションは、営業で重要になる

インターネット空間では、街を歩く人々よりも情報の補足が可能になります。こうした情報は、特に産業財マーケティング、あるいは営業に

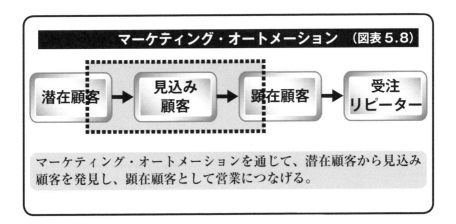

マーケティング・オートメーション (図表5.8)

潜在顧客 → 見込み顧客 → 顕在顧客 → 受注リピーター

マーケティング・オートメーションを通じて、潜在顧客から見込み顧客を発見し、顕在顧客として営業につなげる。

欠かせません。マーケティング・オートメーション（**図表5.8**）の広がりは、インターネット空間での顧客情報を利用し、見込み顧客への効果的なアプローチや、既存顧客の獲得に活用されます。

マーケティング・オートメーションのステップは、以下のとおりです。

① 不特定多数への情報発信だけではなく、名刺などを集約してデータ化し、顧客リストを作成します。これにより、社名だけではなく部署や役職も把握できます。

② 顧客リストをもとにダイレクトメールや情報提供をします。

③ ダイレクトメールなどに反応した顧客の情報を把握します。つまり、「具体的に何に反応したのか」「反応してどのような追加情報を集めたのか」を、行動履歴データをもとに確認します。

④ 顧客の実際の反応やこれまでの購買履歴データなどを確認したうえで、「当該顧客が見込み顧客となり得るのか」を判断します。

⑤ ある程度「見込み顧客と見なせる」と判断した場合には、顧客の情報を営業に伝え、営業からの実アプローチに切り替えます。

⑥ 営業による実アプローチの成果を踏まえて、見込み顧客に切り替えたり、DMの内容を修正します。

SNSなどのインターネットメディアは「ソーシャルメディア」と呼ばれる

2010年代以降、ソーシャルメディアが台頭した

　2010年以降、インターネットツール（ブログやSNS）を利用したマーケティング活動が世界規模で広がりました。これらインターネットツールは「ソーシャルメディア」と総称されます。ソーシャルメディアは、旧来のメディアとは異なり、消費者を中心に利用され、消費者と企業が相互に情報発信できる点が特性です。この特性は、インターネットそのものとほぼ同様です。しかし、インターネット全体のなかでも容易に利用可能なわかりやすいインターフェイスを実装しています。

　インターネットの特性としてしばしば指摘されてきたのは、オープン性や匿名性ですが、これらは必ずしも、ソーシャルメディアには備わってません。特にSNSではどちらかといえばクローズドなコミュニティを構築することでコミュニケーションが活性化します。このようなコミュニティでは相手の特定もある程度可能です。

ソーシャルメディアでは、4Coが重要になる

　ソーシャルメディアを用いたマーケティングとして、大きく4つの活動が注目されます。顧客を知ること(Cognize)、顧客に伝えること(Communicate)、顧客とつながること(Connect)、そして顧客と共に創ること(Co-create)です。これらの頭文字をとると4つのCoとなります(**図表5.9**)。これらは最後の顧客と共に創ることが示すように、デジタル・マーケティング・ミックスとも結びついています。

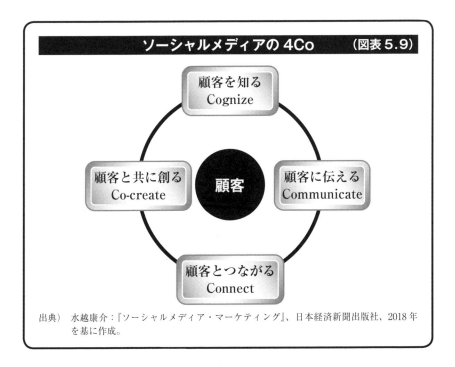

ソーシャルメディアの4Co （図表5.9）

- 顧客を知る Cognize
- 顧客と共に創る Co-create
- 顧客
- 顧客に伝える Communicate
- 顧客とつながる Connect

出典） 水越康介：『ソーシャルメディア・マーケティング』、日本経済新聞出版社、2018年を基に作成。

「顧客を知る」ためには、ソーシャルメディアは重要です。プライベートな情報にアクセスはできませんが、Twitter や Instagram を眺めたり、キーワード検索を通じて、人々の日常を知ることができます。

「顧客に伝える」にも、ソーシャルメディアを用いることができます。通常の販売促進や広告とは異なり、ソーシャルメディアは通常の広告よりも公共性が高く、プライベートな感覚があります。注意しないと、印象を逆に悪くしてしまいます。

「顧客とつながる」ために、顧客とはコミュニティを形成します。ヤッホーブルーイングなどは、オンラインだけではなくオフラインでもコミュニティを形成しており、顧客に高い付加価値を提供しています。

そして「顧客と共に創る」ために、消費者参加型製品開発のように、コミュニティを活用した製品やサービスの開発もできます。

消費者と企業がWin-Winになるには「関係性パラダイム」を探る必要がある

交換を可能にする、関係性に注目しよう

マーケティング・マネジメントの視点は短期的だといわれてきました。特定の商材を効率的に販売するための術だと考えられてきたからです。

しかし、近年では、より長期的な観点からマーケティング活動をとらえようという議論がされています。こうした議論では、これまでのマーケティング・マネジメントは交換パラダイム（交換を中心とした考え方）に基づく活動としてとらえられます。交換パラダイムでは、そのつど存在している顧客のニーズにマーケティングが応えることで、顧客と企業の間にWin-Winの関係が成立すると考えます。顧客は、交換を通じて、自身の課題を解決できます。企業は、交換を通じて、対価を得ます。これはまさに、顧客のニーズに応えることがマーケティング活動であることを示した考え方です。

これに対して、新しい視点では、交換が成立するそもそもの前提を重視し、「関係性パラダイム」（関係性を中心とした考え方）を提示します（**図表5.10**）。関係性パラダイムでは、ニーズを有する顧客とそのニーズに応える企業という一方向的で固定的な関係が見直されます。こうしたWin-Winの交換が生まれる前提として、両者の間に良い関係が構築される必要があることに注目します。そして、そのつどの交換を支える関係性という基盤の構築に焦点を当てます。

このようにして、ひとたび良い関係が生まれれば、継続的な交換を見込めるようになります。

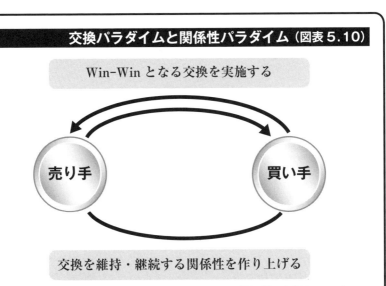

交換パラダイムと関係性パラダイム (図表5.10)

Win-Win となる交換を実施する

売り手　　　買い手

交換を維持・継続する関係性を作り上げる

出典）　黒岩健一郎・水越康介：『マーケティングをつかむ【新版】』、有斐閣、2018年の85頁を基に筆者作成。

昔から、関係性が重視されてきた世界がある

　関係性の構築を重視する考え方は、産業財やサービス財を対象とするマーケティングの世界で注目されてきました。産業財のマーケティングでは、例えばトヨタやホンダなどの自動車組立メーカーと、部品を供給する部品メーカーに焦点が当てられます。彼らの取引関係は、大規模かつ継続的で、1回1回の交換に焦点を当てて最適化するのは困難です。

　サービス財では、価値を事前に評価するのが難しく、取引終了後も価値評価の困難さが指摘されてきました。病気治療の場合、難しい病気であるほど、どの病院にかかれば良いのかはもちろん、治療を受けた後も、本当にそれで良かったのかどうかは判断しづらいです。こういった場合にも、1回1回の治療（交換）に注目するよりも、そうした交換を継続的に維持する関係性に注目したほうが、見通しが良くなるのです。

コラム5　今日のマーケティング：交換はすべてマーケティング

　「マーケティングは交換の実現だ」と、より抽象的に理解している方がいるかもしれません。確かに、市場での取引は交換の一場面に過ぎません。また、人々や社会の間で行われるあらゆるコミュニケーションも交換の場だと考えられます。「交換」があるところすべてで、マーケティングを活用できると考えれば、マーケティングはその出自を乗り越え、「どんな分野にでも応用できる」汎用性を手に入れたことになります。

　重要なのは、「交換の実現」という抽象的な定義は、マーケティングが生まれた当初ではなく、その発展の過程で明確に意識されるようになったということです。昔から「マーケティングは交換にかかわっている」といわれてきました。しかし、必ずしも市場や市場での取引と、明確に区分されていたわけではありませんでした。

　この「交換の実現」という定義は、マーケティングに新しい風を吹き込むことになりました。まず、市場での取引以外の多くの交換活動全般に、マーケティングがかかわるようになった点があげられます。時間軸を延長し、将来の交換の実現も範囲に含めれば、マーケティングの適用対象はほぼ無限です。さらに、定義が定まったことで、次世代に向けて定義そのものを新しく考えようとする議論も、活発になりました。例えば、交換ではなく、関係性の構築を目指したリレーションシップ・マーケティングはその一つです。

　デジタルトランスフォーメーション（DX）が叫ばれる今、マーケティングの進化も続いていくでしょう。それは、これまでのマーケティング発展の歴史を振り返れば、間違いありません。

Part
VI

強いブランドを創る
ビジネスモデルとは
何か

1 「ブランド」とは、製品やサービスの名称やマークなどの総称を指す

「ブランド」とは何か

　今日のマーケティングで、特に重視される考え方の1つが「ブランド」（図表6.1）です。ブランドは、製品やサービスそれ自体のことではありません。ブランドとは、「製品やサービスを特徴づける名称やシンボル、マークなどの総称」のことです。

　「ブランドが強い」というのは、「ブランドの名称やシンボル、マークに付随して、さまざまな価値が生まれている」ということを意味します。ここで生まれる価値には、製品としての特性や、その特性に対する評価も含みます。

　「意味」を含むブランドのことを、特に「ブランド・エクイティ」と呼びます。これは、製品・サービスにブランドが与える付加価値でもあります。この「意味」に、企業のマーケティング活動や消費者のブランドに対する思い・感覚・行動などが反映されたと考えられます。このとき、企業側によって目標とされるブランド・エクイティを、特に「ブランド・アイデンティティ」と呼びます。一方で消費者側に蓄積されるブランド・エクイティのことを、「顧客ベースのブランド・エクイティ」ということもあります。

　強いブランドを構築するためには、企業側による緻密なブランド管理が欠かせません。これと同時に消費者側がブランドに対して特定の意味を見出していなくては、ブランドが成立しません。このように、ブランドは、企業と顧客の間を取り結ぶ役割を担っています。

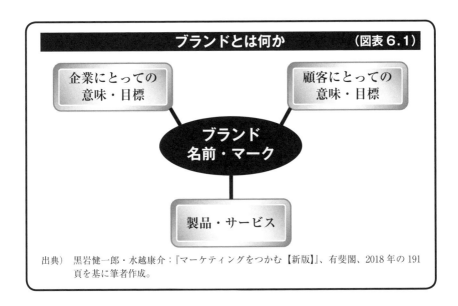

ブランドとは何か　　　　　　　（図表6.1）

企業にとっての
意味・目標

顧客にとっての
意味・目標

ブランド
名前・マーク

製品・サービス

出典）　黒岩健一郎・水越康介：『マーケティングをつかむ【新版】』、有斐閣、2018年の191
頁を基に筆者作成。

どうしてブランドが必要なのか

　ブランディングという活動自体は古くからありました。家畜に対する
焼印がブランドの起源ともいわれます。今日、改めてブランドの重要性
が指摘されています。その背景には、グローバル化を伴う競争環境の激
化や小売企業の大規模化など、大きな環境の変化があります。自社製品
やサービスを他社の類似品と区別し、世界中のどこでも自社のものとし
て認識できるようにすることが、重要になっているわけです。

　ひとたび構築できたブランドは、単なるリンゴや単なるサバでさえ決
定的にオリジナルな製品にします。競合との違いを強調できるので店舗
の棚に並べられても独自性を主張します。しかし、そのオリジナル性を
維持するためには手の込んだ生産方法や品質管理が必要です。ブランド
を認知する顧客が多くなればなるほど、そのブランドの価値はより高く
なっていきます。このように、ブランドは、マネジメントの目的であり
対象なのです。

2　ブランドの資産価値の総体を「ブランド・エクイティ」という

「ブランド・エクイティ」とは何か

　「ブランド・エクイティ」とは、「ブランドがもつ総合的な価値を、資産としてとらえたもの」です。エクイティは、株式資本の意味です。会社価値は株式資本で測れますが、ブランドも同様だとの主張です。

　この概念はアメリカの経営学者、ディビッド・アーカー教授が考え出しました。アーカー教授は、マーケティング理論、特にブランド論の大家です。アーカー教授の提案までは、土地や店舗などは企業の資産としてとらえられていた一方、形のないブランドが資産だとはとらえられていませんでした。しかし、アーカー教授はこのブランドを重要な資産ととらえて、ブランド・エクイティ論を展開したのです。

ブランド・エクイティには5つの要素がある

　「ブランド・エクイティの5要素」(**図表6.2**)は、以下の5つです。

　①　ブランド認知：顧客に商品を購入してもらうには、まずブランドを認知してもらう必要があります。ここでいう「認知」は、単に商品を知っている状態ではなく、その内容をよく理解したうえで、「自分とかかわりが深い」と考えているという意味です。ただ単に、その店を知っているだけでなく、買いたいものがある店であるかどうかが重要です。

　②　ブランド品質：ブランド品質とは「商品自体の品質ではなく、消費者がとらえている品質」のことです。例えば、ハーレイダビ

ブランド・エクイティの5要素 （図表6.2）

① ブランド認知
② ブランド品質
③ ブランド忠誠（ブランド・ロイヤルティ）
④ ブランド連想
⑤ 他のブランド資産（法的資産など）

ットソンのように商品の品質以上に顧客満足度が高いとき、「ブランド品質が高い」といいます。

③ ブランド忠誠（ブランド・ロイヤルティ）：消費者の商品への愛着を指します。特定のブランドに忠誠心があれば、確実にリピーターになり、他の関連商品も買うでしょう。例えば、「チョコレートは明治だけ」とか「グミやキャンデーも明治を買う」消費者が一定数いる場合、「ブランド忠誠ができている」といえます。

④ ブランド連想：消費者がブランドに接触したときに抱く連想のことです。例えば、ある酒に出合ったときに、商品名、社名、味わい、香りなど、多くを連想できる消費者が多いほどブランド連想が強いといえます。

⑤ 他のブランド資産（法的資産など）：①～④と違い、法律的な資産などを指します。そのブランドがもつ特許、商標、意匠などの権利がまずあげられます。また、ブランドをもつ会社の取引先などとの円滑な関係なども含みます。そのブランドが法的な面や社会関係面などで、多様な資産をどの程度保持しているかが、ポイントです。

3 産業財では「成分ブランド」が役に立つ

産業財でも、ブランドの構築には価値がある

　ブランド・エクイティの多くは、一般消費財にうまく当てはまります。産業財の場合でもブランドの構築には意味があります。ブランド認知が高まることで営業活動を後押しできます。取引相手が知っている企業や製品になればアプローチがスムーズになりますし、他の競争相手と比べてより有利になります。また、ブランド品質はもちろん、ブランド連想についてもより強いイメージをもってもらえます。

　ブランドを構築できれば、従業員のロイヤルティが向上し、リクルーティングも容易になります。特にリクルーティングでは、知名度の低さがボトルネックとなる企業は多く存在しているため効果は高いのです。

最終消費者が知ることが、ブランドの源泉となる

　多くの産業財のブランドは、最終消費者に認知されにくい傾向があります。しかし、最終消費者へのアプローチを工夫し、認知や連想の充実を目指すことで、結果として産業財としての立場を改善している事例も、多くあります。

　パソコンの中に入っている多くの CPU は、Intel 製だということはよく知られています。AMD など有力なメーカーは他にもあります。しかし Intel は「Intel inside」というキャンペーンを通じて、一般消費者に向け「パソコンの中に入っている CPU は Intel 製だ」と、強調してきました。今でも、ラップトップやノートパソコンには、「Intel inside」

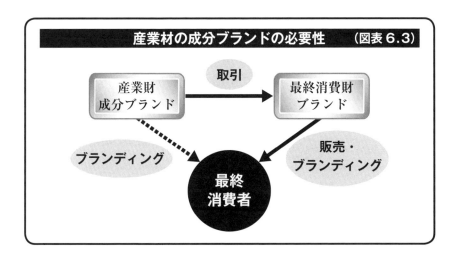

図表6.3 産業財の成分ブランドの必要性

マークが掲載されています。この結果、一般消費者にもブランド認知が高まり、また「Intel は高性能」というブランド連想も強化されていきました。消費者が Intel の CPU があることを、パソコンの購入条件の1つにした結果、該当するパソコンの売上に貢献していきました。そのため、パソコンメーカーもまた、Intel の CPU を求めるようになります。こうして、Intel は産業財の取引相手となるパソコンメーカーに対して、交渉力を高めることができました。

　Intel のように最終製品の部品となるようなブランドのことを成分ブランド(**図表6.3**)と呼びます。成分ブランドは、最終消費財の価値を高めることを目的とします。成分ブランドは、Intel に限らず、スポーツウェアなどに使われるゴアテックス(防水素材)など、さまざまにブランディングされて製品に組み込まれています。

　ただし、常に成分ブランドを用意したほうがいいわけではありません。産業財の場合、最終製品で競合する企業にも材料を供給するケースがよくあります。その際にはブランドがあることがかえって採用を阻害する可能性があります。

4 ブランドには 「ノーブランド」もある

ノーブランドという選択肢もある

　強いブランドを構築することは、マーケティング活動の大きな目標となります。顧客にブランドに抱く意味を醸成させられれば、ブランドと顧客の関係をより強固にできます。

　そのために、マーケティング活動ではより多くの努力を必要とするため、コスト要因になるともいえます。強いブランドは売上や利益にも結びつきますが、ブランドだけが売上や利益に結びつく唯一の要素ではありません。今日の企業は、複数の事業を抱え、数多くの製品やサービスを生産・販売しています。これらの製品やサービスすべてに対して、等しくブランディングすることは困難です。

　このような事情を考えれば、「ブランディングしない」という、ノーブランドの選択肢も十分に考えられます。ノーブランドは、ブランディングがもつメリットを得られない代わりに、ブランディングのデメリットを避けることができるからです。

ブランディングのコストと、毀損のリスクを避ける

　ブランディングのデメリットの1つは、多くのコストと時間がかかることです。ひとたび強いブランドの構築に成功できても、その後のブランドの維持には多くのコストがかかり、失敗するリスクもあります。

　強いブランドを目的にすればするほど、ブランディングの構築あるいは維持に何らかの失敗があった場合、ブランド全体が失敗の影響を受け

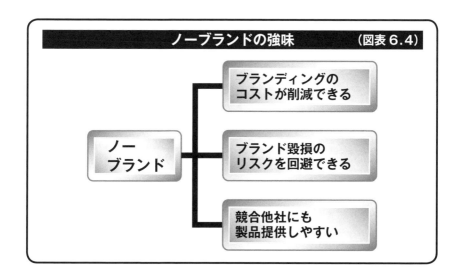

図表中:
ノーブランドの強味 （図表6.4）

ノーブランド
- ブランディングの コストが削減できる
- ブランド毀損の リスクを回避できる
- 競合他社にも 製品提供しやすい

やすくなります。ちょっとした失敗でも、大きくブランドを毀損させて
しまうリスクが生じるのです。不祥事が起きた場合は言うに及ばず、ち
ょっとしたブランド拡張の失敗であっても同様です。

　こうした失敗を避けるためにも、ブランディングに必要な最低限のコ
スト（ラベリングやパッケージング、広告費など）は、抑制できません。
しかし、ブランディングしない場合、こうしたコストは不要になります。
ブランディングされている製品やサービスに比べて、低価格で販売でき
ることが多いはずです。したがって、とにかく価格の影響力が強い日用
品などでは、積極的にノーブランドでマーケティングを行うことにも、
十分なメリットがあります（**図表6.4**）。

　製品・サービスそれ自体が優れている場合も、ブランディングするメ
リットが少なくなります。さらに、最終消費財で競合している企業に対
して原材料を供給するような場合（例えばサムソンが液晶パネルをライ
バルの Apple にも供給するという場合）も、成分ブランドで見たように
ノーブランドのほうが取引は行いやすくなります。

経営資源を投入する事業を決めるのに「PPM」を使う

「PPM」で、今後の事業や商品の展開を見通す

「PPM」(Product Portfolio Management の略称)は「企業がその経営資源をどのように配分すべきかを決めるためのマトリックス」です。アメリカの大手コンサル会社、ボストン・コンサルティング・グループが開発しました。

この PPM を最初に活用したのは、アメリカのコングロマリット企業GE です。GE はこの PPM で 170 あった事業を 40 近くに絞り、投資の優先順位を決め、大躍進したといわれます。

PPM では、まず市場の成長率を縦軸に、自社のシェア(一般的に相対的市場シェアという)を横軸にして、マトリックスを作成します。すると、4つの象限ができます。この4つの象限は、「花形」「問題児」「金の成る木」「負け犬」と名づけられました(**図表 6.5**)。

次に、自社の事業や製品が現在どの象限に配置されるかを把握し、事業や商品の展開をどうするか考えます。このようにして、今後の資源投入の方針を立案するのに活用します。

PPM により、マーケティング戦略は 4 つに区分できる

PPM の4象限の内容や特徴と、そのマーケティング戦略を考えます。

① 花形事業(高市場成長率×高自社シェア)

花形事業は、市場の成長率が高く、自社のシェアも高いので、多くの収益が期待される分野です。自社にとっては最も重要な事業や

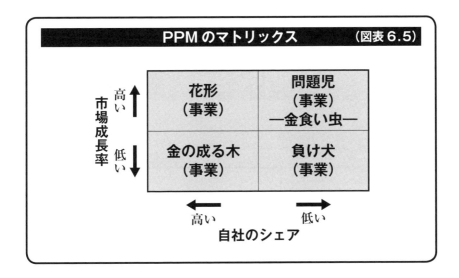

PPM のマトリックス (図表6.5)

市場成長率 高い／低い

花形（事業）　問題児（事業）―金食い虫―

金の成る木（事業）　負け犬（事業）

自社のシェア 高い／低い

商品といえます。ただ、競合各社の新商品投入も多く、新規参入も頻発する可能性が高く、投資がかなり必要な事業といえます。

② 問題児事業（高市場成長率×低自社シェア）

市場の成長率は高いが、自社のシェアは低いので、金食い虫事業ともいわれ、成長には強力な投資が必要です。企業成長にはある程度の問題児事業は必要ですが、成長の可能性の見極めが不可欠です。

③ 金の成る木事業（低市場成長率×高自社シェア）

この市場はあまり成長は望めませんが、自社のシェアは長年の投資により高く、安定した分野です。投資回収が済んだものも多く、今後は投資も少なくて済み、しっかりと収益が上げられます。この収益を花形事業や問題児事業へ効果的に投入することが大切です。

④ 負け犬事業（低市場成長率×低自社シェア）

市場の成長率も低く、自社のシェアも低いので早急に撤退や売却をすべき事業です。この分野でシェアが高い企業はこの事業の勝ち組ですから、その企業へ事業を売却することも検討すべきです。

6 「顧客満足度」は、最低要素だけではなく、「満足因子」や「感動因子」を考える

「顧客満足」とは何か

　「顧客満足」とは、文字どおり、製品やサービスに対する顧客の満足度という意味です。当たり前の指標に見えますが、顧客満足の重要性が指摘されるようになったのは、それほど昔のことではありません。というのは、顧客満足とは、収益とほぼ同義だと考えられてきたからです。企業にとって収益が上がるということは、顧客が満足してくれている証拠というわけです。顧客が満足していなければ、当然製品やサービスが購入されることはありません。

　顧客の満足度の測定は難しいですが、よく知られているのは「期待ギャップモデル」(**図表6.6**)です。期待ギャップモデルは「顧客満足は事前の期待と実際の評価のずれで決定される」と考える点が特徴的です。

　例えば、あまり期待していなかったけれど、食べてみたら意外においしかったラーメンは、満足度が高まります。その一方で、とても期待したわりに、食べてみたらそこまでおいしくなかったラーメンは、総じて低い満足度になります。このようにラーメンのおいしさそれ自体が顧客満足に直接結びつくわけではなく、ラーメンに対する事前の期待と実際のおいしさとのギャップが、顧客満足に結びつくのです。

感動が、大きな顧客満足につながる

　顧客満足を高めるためには、事前の期待を一定の高さに保つことが重要です。過大に期待を煽ることは、顧客満足を下げる要因となります。

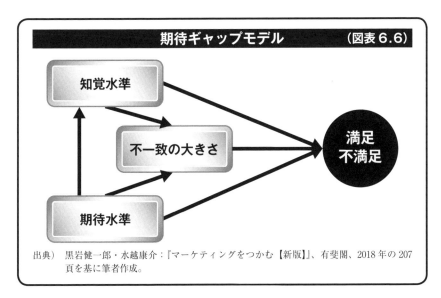

出典） 黒岩健一郎・水越康介：『マーケティングをつかむ【新版】』、有斐閣、2018 年の 207
頁を基に筆者作成。

　しかし、せっかくの良い製品やサービスを積極的にアピールできないの
は、もったいない話です。それに、事前の期待を抑えつけるやり方は、
「提供する製品やサービスの質自体を、より良くしていこう」という最
も基本的な観点から、外れているようにも見えます。
　顧客満足の向上には、大きく３つの要素が影響を与えます。
　１つ目は、これだけは最低限必要だという「最低水準の要素」です。
ラーメンを食べるならば、それなりの量が必要です。しかし、量は多け
れば多いほどよいわけではなく、食べられる量には限界があります。
　２つ目は、「満足因子」と呼ばれます。ラーメンがおいしければおい
しいほど満足、安ければ安いほど満足だというわけです。
　そして最後が、「感動因子」と呼ばれる要素です。思いがけないサー
ビスもあれば、列に並んでいる最中にお茶を提供するちょっとした心づ
かいもあるでしょう。これらは事前に積み上げたり、期待させたりでき
ず、地道な取組みが必要です。そして、意図どおりに感動させることが
できれば、大きな顧客満足につながります。

7 ネット時代の ビジネスモデルは 「プラットフォーム」を考える

「プラットフォーム」のビジネスモデルとは何か

　ビジネスモデルとは、「ビジネスにさまざまなステークホルダーがかかわることを認識したうえで、全体的な収益性を考えた仕組み」のことです。昔から例えば、サプライチェーンの構築（生産から配送、さらには販売までを俯瞰してとらえる仕組み）などが、ビジネスモデルとして提示されてきました。近年では、「プラットフォーム」を形成するビジネスモデル（**図表6.7**）が注目されています。

　「プラットフォーム」の具体的な例として、「フリーミアム」を考えてみましょう。これは「インターネット上のサービスを中心にして、ユーザーに対しては基本的に無料でサービスを提供しつつ、別の仕組みを利用して収益を上げる仕組み」のことです。フリーミアムの実現のためには、ビジネスモデルの構築が必須です。

　フリーミアムの基本的な考え方は、「コストの少ないインターネット上のサービスを、無料で大きく提供すること」「ごく一部のユーザーにだけ、高機能の付加価値サービスを提供すること」「全体として収益を得ようとすること」にあります。このとき、無料サービスは有料サービスのプロモーションとして役立てることが前提です。

プラットフォームを活かす

　無料サービスを通じて、より多くのユーザーを集めることにより、プロモーション以上の効果が期待できます。例えば、Facebook や

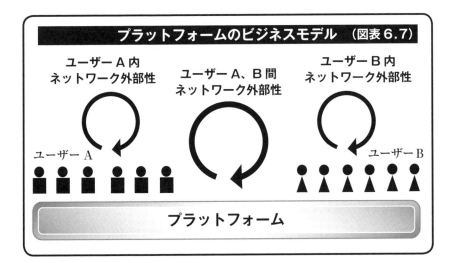

Twitter などのソーシャルメディアに、情報を投稿するのは無料ですが、広告を打ちたい場合には有料です。

　こうした無料サービスに多くのユーザーが集まると、1つの場が形成されます。それは、現実の世界と変わりありません。そうした場が形成されれば、当然、彼らを対象に新しいビジネスを提供できるようになります。最も典型的なのは広告ビジネスです。Google のように検索機能をもったウェブサイトもまた、無料で基本サービスを提供しつつ、そこに集まる人々への広告ビジネスの展開で、収益を得ています。

　「プラットフォーム」のステークホルダーは多様です。広告が収益の要だと、彼らの顧客は広告主です。しかし、広告主だけを見てしまうとうまくいきません。「ここで広告を出したい」と思わせるためには、多くのユーザーが、そのサイトを訪れる必要があるからです。こうしたサイトは、プラットフォーム上にさまざまな人々や企業が集まることから、「マルチサイド・プラットフォーム」とも呼ばれます。

　このようにプラットフォームには、「参加する人々が増えれば増えるほどその価値が高まる」という、外部ネットワークが生じます。

8 マーケティングを重視した「市場志向型組織」をつくる

市場志向型組織の特徴は、3つある

　マーケティングを重視する組織体制のことを、「市場志向型組織」と呼びます。市場志向は、大きく3つのプロセスとしてとらえることができます。すなわち、「情報生成」「情報普及」「情報反応」から構成される一連の流れです（**図表6.8**）。

市場志向とは情報を生成し、普及し、反応するプロセスである

　市場志向を実現するための最初の活動となるのは、「情報生成」と呼ばれるプロセスです。例えばマーケティングリサーチがこれに当たります。新製品を開発するという場合、自社がもつ技術のみに頼ることなく、その技術を実際に使うことになる顧客の声を聞くことが重要だからです。また、マーケティングリサーチだけではなく、営業マンやコールセンターへの情報収集も重要な役割を果たします。

　「情報生成」の次に必要なプロセスは「情報普及」です。市場から集められた情報は多くの場合、特定の個人や部署だけに蓄積されます。それがマーケティング部門でもそうでなくても、このままだと部門の上位にも、製品開発にかかわることになるであろう多くの他部門にも、情報は届きません。だからこそ強く求められるのは、収集された情報を組織全体に広める活動です。

　市場志向の最後に求められるのが「情報反応」です。市場から情報を集め、その情報を組織全体にいきわたらせることができたとき、組織は

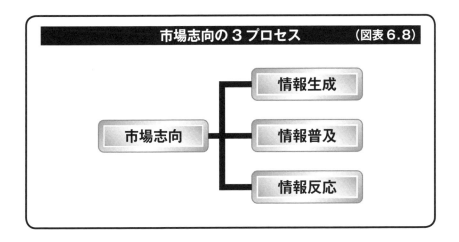

その情報に適切に反応し対応することを迫られます。どんなに良い情報を把握し普及できても、その情報に反応できなければ、市場志向はまったく実現できません。

　適切な情報生成や情報普及を行っているにもかかわらず、最後の意思決定が社内の政治的なバランスで決定されてしまう組織では、情報に対する反応が鈍くなりがちです。また、他社の動向に常に後れをとるような組織は、何らかの阻害要因によって「情報反応」が、できていない可能性があります。

　市場志向の３プロセスは、市場志向型組織の基本的な活動プロセスです。これらのプロセスを通じて、顧客のニーズに応えられる文化が、組織に根づいていきます。

　市場志向の発展形として、潜在ニーズに積極的に働きかけるタイプの市場志向もあります。それは、先行型市場志向と呼ばれます。先行型市場志向では、リードユーザーの探索や顧客のインサイトをとらえる観察活動を通じて、まだ顕在化していないニーズに、創造的に応えようとします。

9 市場志向型組織は「イノベーション」を促進する

市場志向は、企業に大きな成果をもたらす

　市場志向型組織を構築できれば、企業はよりよい業績を上げられます。具体的な成果としては、「企業の収益性の向上」「顧客からのロイヤルティ」「従業員のコミットメント」「イノベーションの促進」に対する良い影響を挙げることができます（図表6.9）。

　市場志向の組織作りがうまくできた企業が直接的な成果としてまず実感できるのは収益性の向上です。これは、事業担当者が直接感じられているだけでなく、客観的な指標であるROAなどが高まることが明らかにされています。この成果が一番重要です。

　収益性を向上させる成果は、一般的に環境の状況に依存しない特徴があります。市場の変化が激しくても、技術の進化が速くても、市場志向を備えた組織の業績は高いのです。

　この他にも、市場志向の組織は、顧客からの評価が高まり、より高いロイヤルティ（顧客の忠誠心）を、得られるようになります。また、顧客のことを考えている組織のほうが、他組織にとっても魅力的に見え、ステークホルダーの評価も高まります。

　市場志向の組織作りがうまくできている企業は、その組織で働いている従業員のコミットメントも高まるというのは、興味深い特徴です。市場のことを考えている組織は、自分（自社）のことだけを考えているわけではないので、組織内部の従業員のやる気や忠誠心が上がるものと考えられます。

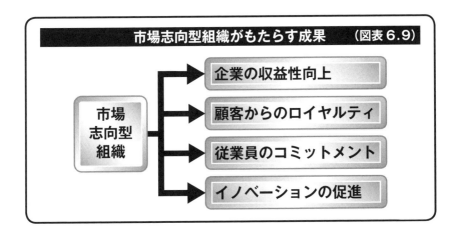

以上のように、「企業の収益性の向上」「顧客からのロイヤルティ」「従業員のコミットメント」が市場志向の大きな成果であり、いずれも企業にとって大変重要な要素であるといえます。

市場志向は、イノベーションも促進する

上記に挙げた３つ以外にも、市場志向が高まることによって「イノベーションの促進」がなされるという研究成果も紹介しておきたいと思います。

組織にとって、持続的にイノベーションを起こし続けられるかどうかは極めて重要な課題です。このとき、ややもすれば、イノベーションは技術開発に直結しやすく、市場志向とは無縁であるかのように見えがちになります。技術については特段知識のない顧客から話を聞いても、イノベーションに直結しないというわけです。

しかし、実際には、市場志向になることがイノベーションを促進させます。今や、市場から集められた情報こそが、イノベーションの源泉となる時代になったからです。先ほど紹介した消費者参加型製品開発は、その典型でしょう。

10　技術が社会を変え、社会が技術を変える

技術決定論に陥らないように注意しよう

　時に、革新的な技術や製品が生まれ、社会を大きく変えることがあります。インターネットや iPhone の登場は、その後の私たちの生活を大きく変えました。

　革新的な技術や製品が社会を変えるという考え方は、技術決定論と呼ばれます。技術が社会のあり方を決定するというわけです。わかりやすく、また日常的な感覚にも合致しやすい考え方です。しかし、すでに見てきたように、この考え方がすべてではありません。

　技術や製品が社会に影響を与えることができるのは、それ自体が優れていたからではなく、顧客のニーズとうまく結びついたからです。この結びつける役割を担うのがマーケティングでした。

　マーケティングに限らず、技術や製品は、社会からの影響も受けています。技術や製品は、社会の外側で生まれるわけではなく、むしろ、社会のなかで、社会の要請を受けて生まれ、発展していきます（**図表6.10**）。この考え方は、技術の社会的構成と呼ばれます。これもまた日常的な観察にもとづく考え方なのです。

　例えば、倫理に触れる技術の開発は、規制や法律にもかかわる大きな問題です。「延命治療をどこまで認めるのか」「脳死を人の死として認めるのかどうか」という問いは、医療技術の進歩によって生じた新しい社会問題です。それに社会がどう対処するのかによって、その後の技術の進歩は大きく変化します。遺伝子組み替えの大豆やトウモロコシには、

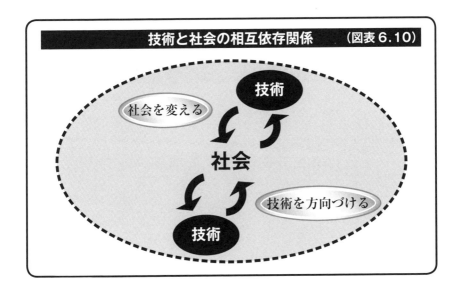

アメリカとは異なり、日本では細かな表示義務があります。多くの日本人が気にしている事情による規制ですが、技術開発に多くの制約がかかることになります。

技術も社会も、互いに変わっていく

　技術は社会の影響を受け、時間のなかで変化していきます。インターネットも iPhone も最初から普及していたわけではなく、それらを形づくる技術も年々かなり変わってきています。軍事用途と結びつけられて登場したインターネット技術は、その後学術ネットワークに用いられ、1993 年に商業化されました。当初はオープン性こそが特性だと考えられていましたが、昨今では、SNS を中心とした半分クローズドな友人関係のコミュニケーションに、人々はいそしんでいます。

　「技術のありようを、社会のなかでとらえること」「絶えず顧客のニーズとの結びつきを、模索すること」は、技術発展がますます盛んな今だからこそ、重要さを増している考え方なのです。

おわりに

　マネジメントの祖として知られるピーター・ドラッカーは、「企業に
とって必要なものは、イノベーションとマーケティングである」と述べ
ています。より良い社会のためには、新しい技術や知識を生み出すこと
は必須です。しかし同時に、技術や知識だけがあっても、それを人々に
広く周知し、実際に社会の中で使えるようにしなければ、本当の意味で
より良い社会を作り出すまでには至りません。技術者の方々にとってイ
ノベーションは、まさに専門分野に違いありません。専門分野の知見だ
けでも十分社会の役に立つかもしれませんが、これにマーケティングの
知見が加われば、より良い社会の実現に向けて、まさに龍に翼を得たる
如しです。

　本書では、かつて執筆した『Q&A マーケティングの基本50』を下敷
きにしながら、その後執筆した『マーケティングをつかむ』と『ソーシ
ャルメディア・マーケティング』の内容をわかりやすく追加しました。

　『マーケティングをつかむ』では、各テーマごとにショートケースが
用意されています。これにより、理論を覚えるだけではなく、各ケース
の当事者として、実際に理論をもとに問題解決を考えることを通じて、
マーケティングの理解を深めることができます。また、『ソーシャルメ
ディア・マーケティング』は、その名のとおりソーシャルメディアを中
心としたマーケティングの可能性をさまざまに紹介しています。

　上記の内容を意識しつつ、さらに本書では大きく2つの点を強調した
いと考えました。本書を読み終わった読者の方は、もう一度読み返すと
きに、ぜひ以下の点を念頭に置いてみてください。

　一つは、「はじめに」の髙橋先生の言葉のとおり、デジタル化が近年

ますます質・量ともに発展している点です。本書の大元となった原稿は、2020年の新型コロナウイルス流行下において執筆されました。打合せをZoomで行うこともありました。今日では、いよいよDX（デジタル・トランスフォーメーション）が、あらゆる組織で叫ばれています。デジタル化への対応が当たり前になり、時には必須となっていることは、とても大事な社会の変化です。

　もう一つは、より具体的に「マーケティング・ミックス」の活用を詳しく紹介した点です。これは、おそらくこれまでのマーケティングの書籍ではあまり扱われなかったテーマです。デジタル化への対応（デジタル・マーケティング・ミックス）も紹介していますが、それだけではなく、分野や対象に応じてさまざまな活用方法があることを示しています。マーケティングの最も基礎的な枠組みであるマーケティング・ミックスは、ツールとしてさまざまに利用できると思います。

　マーケティングは、顧客のニーズに応えるための企業活動の総称です。その核となる考え方や枠組みは、きっとどんな時代にあっても変わりません。その一方で、具体的なマーケティングの実体は、時代や（新型コロナウイルス流行といった）環境の変化に合わせて変わっていきます。技術者の方にとっても、あるいは技術者ではない方にとっても、今だからこそマーケティングを学ぶことには大きな価値があります。

　本書が読者の皆さんにとって変化の時代を乗り越えるための一助となれば大変幸いです。

　2021年2月

　　　　　　　　　　　　　　　　　　　水越　康介

参考文献

[1] 石井淳蔵・栗木契・嶋口充輝・余田拓郎(2014):『マーケティング入門 第2版』、日本経済新聞社

[2] 石井淳蔵・廣田章光(編著)(2019):『1からのマーケティング 第4版』、碩学舎

[3] 大坪檀(1987):『技術者のためのマーケティング』、日刊工業出版社

[4] 黒岩健一郎・水越康介(2018):『マーケティングをつかむ【新版】』、有斐閣

[5] 髙橋誠(1984):『問題解決手法の知識』、日本経済新聞出版社

[6] 髙橋誠(編著)(2002):『新編 創造力事典』、日科技連出版社

[7] 竹中雄三・河野安彦・鈴木脩介・森津悠祐(2017):『成功するマーケティングの基本と実践』、ナツメ社

[8] 西川英彦・澁谷覚(編著)(2019):『1からのデジタル・マーケティング』、碩学舎

[9] 水越康介(2010):『Q&Aマーケティングの基本50』、日本経済新聞出版社

[10] 水越康介(2018):『ソーシャルメディア・マーケティング』、日本経済新聞出版社

[11] レビット・セオドア(著)、土井坤(訳)(1971):『マーケティング発想法』、ダイヤモンド社

[12] レビット・セオドア(著)、有賀裕子(訳)(2007):『T.レビット マーケティング論』、ダイヤモンド社

[13] 和田充夫・恩蔵直人・三浦俊彦(2012):『マーケティング戦略〔第4版〕』、有斐閣

■著者紹介
水越　康介(みずこし　こうすけ)

　東京都立大学経済経営学部教授。2005 年、神戸大学大学院経営学研究科博士後期課程修了。博士(商学)。専門はマーケティング論、特にインターネットやソーシャルメディアを中心としたマーケティングについて研究をしている。また、マーケティング方法論研究において解釈的・定性的研究にも取り組み、その意義として本質直観に注目している。

　著作に、『Q&A　マーケティングの基本 50』(単著、日本経済新聞出版社、2010年)、『病院組織のマネジメント』(共著、碩学舎、2010 年)、『企業と市場と観察者　マーケティング方法論研究の新地平』(単著、有斐閣、2011 年)、『マーケティング・リフレーミング　視点が変わると価値が生まれる』(共著、有斐閣、2012 年)、『ネット・リテラシー　ソーシャルメディア利用の規定因』(共著、白桃書房、2013 年)、『新しい公共・非営利のマーケティング　関係性にもとづくマネジメント』(共著、碩学舎、2013 年)、『本質直観のすすめ。普通の人が、平凡な環境で、人と違う結果を出す』(単著、東洋経済新報社、2014 年)、『考えて議論しながらつかむ、ある日の午後のマーケティング授業の風景』(共著、有斐閣、2015 年)、『マーケティングをつかむ【新版】』(共著、有斐閣、2018 年)、『ソーシャルメディア・マーケティング』(単著、日本経済新聞出版社、2018 年)など。

髙橋　誠(たかはし　まこと)

　㈱創造開発研究所代表。博士(教育学)。一般社団法人日本起業アイディア実現プロジェクト理事長、NPO エコリテラシー協会理事長、日本創造学会評議員長(元会長)、日本教育大学院大学名誉教授。静岡市(旧清水市)生まれ。

　東京教育大学心理学科卒、筑波大学大学院修士修了。東洋大学大学院博士修了。日本の創造性開発の研究・実践の第一人者として 20 万人以上に講演や講義を実施。電通、日本テレビで創造性研修を始めて以来、企業戦略・商品開発・マーケティング企画・ネーミングなどの企画開発を多数実施。また人事制度、採用・能力開発などのコンサルティング・企業教育などを NEC、日本生命、キリンビール、トヨタ自動車、日産自動車、日本航空などで行う。人事院・国土交通省や神奈川県庁などの行政組織や、筑波大学、慶應義塾大学、法政大学、東洋大学など多数の大学でも講議。

　著書は総計 79 冊。主な単著は『問題解決手法の知識』『会議の進め方』『企画力をつける』『ひらめきの法則』(共に日本経済新聞出版社)、『発想の瞬間』『最強のネーミング強化書』『コンセプト 2000「団塊」家族』(共に PHP 研究所)、『ブレインライティング』(東洋経済新報社)他、計 31 冊。編著は『新編創造力事典』『実例で学ぶ創造技法』『共立夫婦』(共に日科技連出版社)、『マーケティング・トランスファー 8 つの法則』(宣伝会議)他、計 21 冊。共著は『論理的なのにできない人の法則』など、計 27 冊。中国、韓国、台湾、タイなどでの翻訳出版が 19 冊。

技術者のマーケティング強化書
これだけは知っておきたいマーケティングの基本常識60

2021 年 3 月 28 日　第 1 刷発行

著　者　水　越　康　介
　　　　髙　橋　　　誠
発行人　戸　羽　節　文

発行所　株式会社 日科技連出版社
〒 151-0051　東京都渋谷区千駄ケ谷 5-15-5
DS ビル
電　話　出版　03-5379-1244
　　　　営業　03-5379-1238

検　印
省　略

Printed in Japan　　　　印刷・製本　壮光舎印刷

© *Kosuke Mizukoshi, Makoto Takahashi 2021*
ISBN 978-4-8171-9733-7
URL https://www.juse-p.co.jp/